아름다운 한자 가치 사전

일러두기

'단어를 활용해 봐요'에서 사용한 단어는 국립국어원 표준국어대사전과 《보리 국어사전》
(토박이 사전 편찬실 엮음, 보리, 2008), 《한한대자전》(민중서림 편집부 엮음, 민중서림, 2017)을
참고하였습니다.

들어가는 글

어린이 여러분, 안녕하세요?

'한자라니, 고리타분해!'라고 생각해 본 적이 있나요? 제가 바로 그런 어린이였답니다. '나는 이름도 한글인데, 굳이 한자를 배워야 할까?' 하고 말이지요. 그래서 오랫동안 한자를 멀리했어요. 어른이 되어서 우연히 《논어》를 읽게 되기 전까지 말이에요.

  《논어》는 기원전, 가르침을 베풀었던 공자와 그 제자들의 목소리가 담긴 이야기 책이랍니다. 우리가 사는 이 세계를 어떻게 이해하고 만나면 좋을지, 사람들과는 어떻게 관계 맺으면 좋을지에 관한 지혜가 가득하지요. 《아름다운 한자 가치 사전》은 그 지혜들을 한자 단어에 담아냈어요. 《논어》에 나오는 한자어 중 지금 우리에게도 여전히 의미가 있는 40자를 꼽았어요. 책에 《논어》의 문장이 직접적으로 나오지는 않지만, 이 책의 모든 이야기는 《논어》와 깊은 관련이 있답니다.

구체적으로 이 책을 들여다볼까요? 이 책은 두 가지 지혜를 담고 있어요. 첫 번째는 '관계'에 관한 지혜예요. 여러분은 매일매일 새롭게 느껴지는 '나'입니다. 부모님의 자식이자 이웃의 친구이기도 하고요. 학교의 학생이자 지역의 시민이기도 합니다. 땅이 낳고 바람이 돌보는 지구의 아이이기도 하지요. 우리는 태어나는 순간부터 수많은 존재들과 연결되어 있어요. 그러니까 여러분은 아무리 외로운 순간이 오더라도, 결코 혼자가 아니라는 사실을 잊지 마세요. 온 우주가 여러분과 함께하고 있거든요.

앗, 그렇다면 관계 맺는 법은 왜 배워야 할까요? 이미 우리가 관계 속에서 태어나 살아가고 있는데 말이에요. 왜냐하면 우리는 모두 다 같지 않고 다 다르기 때문이에요. 다 달라서 이 세계가 풍성하기도 하지만, 그렇기 때문에 잘 지내기가 쉽지 않기도 해요. 만약 관계를 잘 돌볼 수 없다면 홀로 고립될 수도 있겠죠. 오늘날처럼 공동체가 점점 사라지고 연결감을 느끼기 어려운 사회에서는 더더욱 그럴 수 있어요.

그러니 잘 살아가기 위해서는 나-이웃-사회-우주와 함께 호흡을 맞출 수 있어야 해요. 1장은 '나'와 건강하게 관계 맺는 법에 대한 이야기예요. 2장은 가족이나 친구, 이웃처럼 가까운 사람들과 어떻게 만나면 좋을지에 관해서 이야기하고 있어요. 3장에서는 사회에서 어떤 태도를 갖추고 사람들을 대해야 하는지, 마지막 4장에서는 지구와 어떤 사이가 되면 좋을지 말하고 있지요.

관계에 대한 고민이 있는 어린이라면 차례를 보면서 자신과 비슷한 상황을 찾아 읽어 보면 도움이 될 거예요. 거꾸로, 책을 읽으면서 이전의 경험을 떠올려 보는 것도 좋을 테고요. 내가 만나고 꾸려 왔던 관계들이 내게 어떤 힘을 주고 있는지, 혹시 곤란한 상황이 생기면 어떻게 헤쳐 나가면 좋을지도 생각해 볼 수 있을 거예요.

두 번째 지혜는 '가치'에 관한 것이랍니다. 이 세상에서 가치 있는 것은 무엇일까요? 어떻게 살면 가치 있는 삶일까요? 책에서 안내하는 관계 맺는 법을 따라가다 보면 이 질문들의 답을 찾을 수 있어요. 왜냐하면 책에 담은 한자 단어들이 당연하게 생각했던 것들을 새롭게 볼 수 있게, 실패나 분노처럼 부정적으로만 생각했던 것의 다른 면을 만날 수 있게, 가치 없다고 여겨지던 것의 가치를 발견할 수 있게 돕기 때문이에요. 어쩌면 이 세계마저 다르게 보일지도 몰라요. 쓸쓸하기보단 풍요롭게, 혼란스럽고 무섭기보단 흥미롭고 재미있게 말이에요. 그렇게 세계를 볼 수 있다면 나 역시도 그토록 풍요롭고 흥미로운 세계를 가꿔 나갈 한 사람이라는 사실도 알게 될 거예요.

또 기원전부터 전해져 오고 있는 오래된 가치가 있다는 사실은 우리에게 든든한 뿌리가 되어 준답니다. 물론 전해져 오는 가치들을 과거와 똑같이 사용하는 것이 아니라, 오늘날 우리에게 맞게 생각해 볼 수 있어야겠지요. 그 과정에서 우리는 잃어버리고 무너진 가치가 있다면 다시 찾을 것이고, 잘못 전해지거나 빛이 바랜 가치가 있다면 새롭게 세울 거예요. 어린이 여러분만의 눈높이로 이 가치들을 새롭게 만나 봐도 좋아요.

   더불어 한자 단어를 통해서 가치에 관해 배우다 보면 우리가 평소 사용하던 말을 더 잘 이해해 볼 수 있답니다. 한글은 한자와 깊은 관련이 있거든요. 평소에 한자를 잘 쓰지 않는 것처럼 느껴져도, 사실 우리네 문화에는 한자가 깊이 들어와 있지요. 그래서 이 책에서 한자를 만나다 보면 당연하게 썼던 단어의 진짜 의미를 이해할 수 있어요. 평소 자주 쓰던 단어나 어렵게만 느껴졌던 단어가 사실은 우리의 삶과 연결되어 있고, 중요한 가치를 지니고 있다는 걸 알게 될 거예요. 그러니까 이 책은 관계에 고민이 있는 어린이뿐만 아니라, 자신감이 없고 실패가 두려운 어린이, 학교 공부가 지루한 어린이, 국어나 한자가 유독 어렵게 느껴지는 어린이에게도 도움이 될 거예요.

각 장의 첫 페이지에서 구체적인 상황을 담은 재미있는 만화를 보고, 글도 함께 읽어 보아요. 내가 만화 속 주인공이라면 어땠을지 한번 생각해 보는 거예요. '단어를 활용해 봐요'에서는 각 장에서 배울 단어가 일상에서 어떻게 쓰이는지 엿볼 수 있어요. 만화 상황 속 한자에 어떤 가치가 있는지 떠올려 본 뒤에 '함께 생각해 봐요'에서는 질문에 답을 하는 과정을 거치면서 그 가치에 관해 조금 더 깊이 생각해 봅시다.

그럼 이제 책장을 넘겨서 한자를 배우고, 관계와 가치에 관한 지혜를 만나러 가 볼까요?

차례

1 나와 마주하기

立	설 립	다른 이들과 두 발로 씩씩하게 서기	•18
多	많을 다	많이 듣고 많이 보기	•22
習	익힐 습	시도 때도 없이 연습하기	•26
新	새 신	옛것을 통해 새로운 것 만나기	•30
過	허물 과	잘못된 행동 고치기를 두려워 말기	•34
恥	부끄러울 치	당당하기 위해 부끄러워하기	•38
忠	정성스러울 충	나에게 진심을 다하기	•42
直	곧을 직	상황과 관계를 생각하기	•46
剛	굳셀 강	그럼에도 불구하고 나아가기	•50
德	덕 덕	묵묵히 해야 할 일을 하기	•54

따라 써 봐요 •58

2 이웃과 살아가기

孝	효도 효	나를 뿌리부터 존중하는 방법	•64
友	친구 우	좋은 친구 사귀는 방법	•68
敬	공경 경	마음을 넓게 쓰는 방법	•72
寬	너그러울 관	듬직한 리더가 되는 방법	•76
知	알 지	다른 존재를 빛나게 하는 방법	•80
問	물을 문	적극적으로 마음을 표현하는 방법	•84
師	스승 사	누구든지 스승으로 삼는 방법	•88
儉	검소할 검	보다 큰 기쁨을 얻는 방법	•92
怒	성낼 노	화를 다루는 방법	•96
顔	얼굴 안	멋진 얼굴을 갖는 방법	•100

따라 써 봐요 •104

3 좋은 태도 갖추기

信	믿을 신	밥 먹여 주는 신뢰	•110
禮	예 예	마음을 주고받는 예의	•114
節	마디 절	각자의 역할을 지키는 마디	•118
恭	공손할 공	감사한 몸가짐을 담는 공손	•122
義	의 의	한눈팔지 않는 의리	•126
勇	날랠 용	날래게 행동하는 용기	•130
爭	겨룰 쟁	긍지를 높이는 경쟁	•134
貧	가난할 빈	창피한 일이 아닌 빈곤	•138
哀	슬플 애	서로를 지켜 주는 애도	•142
政	정치 정	나의 일상이 곧 정치	•146

따라 써 봐요 •150

4 세상과 만나기

受	받을 수	받은 것을 소중히 여기기	•156
仁	어질 인	인간다운 인간되기	•160
謹	삼갈 근	배려하고 초대하기	•164
學	배울 학	생기 가득한 나날 보내기	•168
欲	하고자 할 욕	나로부터 출발해 세상에 이르기	•172
明	밝을 명	보이는 것 너머를 생각하기	•176
中	가운데 중	매번 더 넓게 헤아리기	•180
安	편안할 안	모두가 함께 편안해지기	•184
美	아름다울 미	최고로 아름다워지기	•188
溫	따뜻할 온	봄바람처럼 어루만지기	•192

따라 써 봐요 •196

《아름다운 한자 가치 사전》 사용 설명서

동그라미 안의 한자를 옆에 쓰인 뜻, 소리와 함께 따라 읽어 보세요.

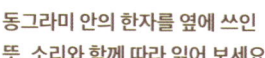

한자가 쓰이는 다양한 상황을 재미있는 만화로 살펴봐요.

이 한자는 어떤 뜻을 담고 있을까요?
한자가 품은 의미와 가치를 알아봐요.

무슨 뜻인지 알아봐요

어떤 어른들은 사회에서 인정받으려면 공부를 잘해야 한다고 말합니다. 공자도 비슷하게 생각했지만, 그가 말하는 공부는 학교 공부가 아니었어요. 공자에게 공부란 '많이 듣고', '많이 보는 것'이었답니다. '많이 듣고 많이 보는' 공부란 아직 만나지 못한 수많은 세계를 적극적으로 찾아 나서는 여행과 같아요. 나의 세계가 전부인 것처럼 느껴지기도 하지만, 사실은 그렇지 않거든요. '많다'는 뜻의 한자는 多라고 쓰고 '다'라고 읽어요.

공부를 하려면 세계 여행, 아니 우주 여행을 떠나야 하냐고 묻는 친구들도 있을 것 같네요. 꼭 모든 곳에 직접 갈 필요는 없어요. 책과 영화 속에도 멋진 세계가 있거든요. 수많은 동식물, 그리고 사람들의 다양한 감정과 상황이 담겨 있지요. 보고 들은 것들을 전부 외울 필요는 없어요. 그중에서 믿을 수 있고 내게 와닿는 것들을 마음에 품으면 된답니다. 그러면 그만큼 내 세계가 넓어져요.

이렇게 많이 듣고 많이 보는 공부를 하다 보면 공감과 배려를 잘할 수 있게 돼요. 나의 말이나 행동이 누군가를 상처 입히지 않는지, 다른 존재를 소외시키고 있지 않은지 생각하게 되는 거죠. 그러면 다른 이들을 불편하게 하는 일이나, 다른 존재를 고려하지 못해서 뒤늦게 후회하고 슬퍼할 일이 적어지겠죠. 그러면 내가 수많은 세계를 만나고 알아보았듯이, 이 세계도 나를 알아볼 거예요.

단어를 활용해 봐요

다방면 多方面
- 여러 방향이나 분야.
- 책을 읽으면 한 가지 상황을 다방면으로 생각할 수 있게 됩니다.

다양 多樣
- 모양이나 상태가 여러 가지로 많음.
- 우리는 다양한 성격을 가지고 있습니다.

다정 多情
- 태도나 행동이 친절하고 따뜻함.
- 공부를 제대로 한다면 다정한 마음을 얻게 됩니다.

다다익선 多多益善
- 많으면 많을수록 더욱 좋다는 뜻의 사자성어.
- 도서관에서 책은 다다익선입니다.

한자를 활용한 단어를 더 배워 보세요.
뜻과 예시를 함께 보면 이해가 쏙쏙!

배운 한자에 대한 문제를 함께 풀어 봅시다.
복습하여 단어를 내 것으로 만들어 보세요!

함께 생각해 봐요

1. 최근에 더 알고 싶은 것이 있나요? 더 알아보고 싶은 멋진 세계에 대해서 써 보세요.

> 호수 위 거위를 보고 거위에 대해 궁금해졌습니다. 거위의 세계에 대해서 더 많이 알아가 보고 싶어요. 그럼 새의 특성에 대해서도 더 잘 알 수 있을 거고요. 더 넓은 세계를 다양하게 만날 수 있을 것 같아요.

2. 〈단어를 활용해 봐요〉에서 익혔던 단어와 어울리는 상황을 연결해 봅시다.

다다익선	•	•	진이는 새에 관한 책은 많을수록 좋다고 생각합니다.
다양	•	•	패딩에 들어갈 수 있는 소재는 거위 털 말고도 목화 솜, 옥수수 솜 등 여러 가지가 있습니다.
다정	•	•	진이는 새뿐만 아니라 로봇, 책 등 여러 분야에 관심이 많습니다.
다방면	•	•	거위를 걱정하는 진이의 마음이 따뜻합니다.

1

나와 마주하기

때때로 우리는 나도 이해하기 어려운 '나'를 만나게 됩니다.
어떻게 '나'를 이해할 수 있을까요?

다른 이들과 두 발로 씩씩하게 서기

: 설 립

담이는 자립하는 어린이가 되고 싶어서 누구에게도 의지하지 않고
혼자서도 뭐든 잘 해내려고 했어요. 처음에는 즐거웠는데 시간이 지날수록 힘이 들고 외로웠어요.
모든 걸 혼자 다 해내는 게 자립이 아닌 걸까요?

무슨 뜻인지 알아봐요

立의 생김새를 살펴봅시다. 어떤 모습처럼 보이나요? 立은 사람이 두 다리를 단단하게 땅에 딛고 서 있는 모습이에요. 이때 다리는 휠체어가 될 수도 있고, 의족이 될 수도 있겠지요. 立은 '서다'라는 뜻이고 '립' 또는 '입'이라고 읽어요. 두 발로 서는 일은 단순해 보이지만, 실제로는 쉽지 않아요. 내가 이 세상 어디에 서 있는지, 주변과 어떻게 관계 맺고 있는지를 알아야 제대로 설 수 있거든요.

많은 사람들이 자립을 '나 홀로서기'라고 알고 있지만, 사실 그건 고립이에요. 자립은 '고립'과 다르답니다. 고립은 쓸쓸히 혼자 서 있는 모습을 뜻해요. 반면 자립은 다른 이들과 함께 서는 거예요. 함께 선다면 스스로 서더라도 위태롭거나 불안하지 않을 거예요. 도움이 필요한 이들에게 손을 내밀고, 다른 이들에게 격려도 받으면서 서로에게 의지한다면 이 세상에서 씩씩하게 설 수 있겠지요.

물론 서로에게 의지하는 일이 쉽지만은 않답니다. 이인삼각 경기만 떠올려 봐도 그렇지요. 단 두 사람이 함께 서서 걸어가려고 하는데도 자꾸만 발이 엉키고 넘어지기 일쑤잖아요. 그렇기 때문에 어릴 때부터 자립, 함께 서는 연습이 필요해요. 공자도 서른 살이 되어서야 비로소 자립했다고 하니까요, 우리도 지금부터 부지런히 함께 설 수 있는 연습을 해 볼까요?

단어를 활용해 봐요

자립 自立
- 스스로 서는 것.
- 자립하려면 많은 이들의 도움이 필요합니다.

대립 對立
- 의견이나 주장이 맞지 않아 서로 맞서는 것.
- 청소 당번에 대한 의견 대립이 심해졌습니다.

중립 中立
- 한쪽으로 치우치지 않는 것.
- 누나들이 싸울 때면 나는 중립적인 입장을 지키려고 노력합니다.

입춘대길 立春大吉
- 입춘에 큰 복이 생기기를 바라면서 벽이나 문짝에 써 붙이는 글.
- 봄이 오자 종이에 입춘대길을 써서 현관문에 붙였습니다.

함께 생각해 봐요

1. 나는 누구와 함께 이 땅 위에서 서 있나요? 둘도 좋고, 셋도 좋습니다. 동물도 좋고, 식물도 좋습니다. 누군가와 함께 씩씩하게 서 있는 나의 모습을 그려 보세요.

2. 혼자 끙끙대고 있는 담이에게 어떤 이야기를 해 줄 수 있을까요? 효의 의미를 되새기며 담이에게 두 줄 편지를 써 봅시다.

씩씩한 어린이가 되려는 마음도 좋지만, 다른 사람들과 서로 의지하고 함께하면 훨씬 즐겁고 힘이 날 거야!

많이 듣고 많이 보기

: 많을 다

진이는 책을 읽고 거위에 대해서 많은 것을 알게 됐어요.
거위의 깃털이 방수와 체온 유지 기능이 뛰어나고, 그렇게 멋진 깃털을 사람들이
거위가 살아 있는 채로 무자비하게 뜯어서 패딩에 넣는다는 것도요.
많이 알게 될수록 고민해야 할 것들도 많아지는 것 같아요.

무슨 뜻인지 알아봐요

어떤 어른들은 사회에서 인정받으려면 공부를 잘해야 한다고 말합니다. 공자도 비슷하게 생각했지만, 그가 말하는 공부는 학교 공부가 아니었어요. 공자에게 공부란 '많이 듣고' '많이 보는 것'이었답니다. '많이 듣고 많이 보는' 공부란 아직 만나지 못한 수많은 세계를 적극적으로 찾아 나서는 여행과 같아요. 나의 세계가 전부인 것처럼 느껴지기도 하지만, 사실은 그렇지 않거든요. '많다'는 뜻의 한자는 多라고 쓰고 '다'라고 읽어요.

공부를 하려면 세계 여행, 아니 우주 여행을 떠나야 하냐고 묻는 친구들도 있을 것 같네요. 꼭 모든 곳에 직접 갈 필요는 없어요. 책과 영화 속에도 멋진 세계가 있거든요. 수많은 동식물, 그리고 사람들의 다양한 감정과 상황이 담겨 있지요. 보고 들은 것들을 전부 외울 필요도 없어요. 그중에서 믿을 수 있고 내게 와닿는 것들을 마음에 품으면 된답니다. 그러면 그만큼 내 세계가 넓어져요.

이렇게 많이 듣고 많이 보는 공부를 하다 보면 공감과 배려를 잘할 수 있게 돼요. 나의 말이나 행동이 누군가를 상처 입히지 않는지, 다른 존재를 소외시키고 있지 않은지 생각하게 되는 거죠. 그러면 다른 이들을 불편하게 하는 일이나, 다른 존재를 고려하지 못해서 뒤늦게 후회하고 슬퍼할 일이 적어지겠죠. 그러면 내가 수많은 세계를 만나고 알아보았듯이, 이 세계도 나를 알아볼 거예요.

단어를 활용해 봐요

다방면 多方面
- 여러 방향이나 분야.
- 책을 읽으면 한 가지 상황을 다방면으로 생각할 수 있게 됩니다.

다양 多樣
- 모양이나 상태가 여러 가지로 많음.
- 우리는 다양한 성격을 가지고 있습니다.

다정 多情
- 태도나 행동이 친절하고 따뜻함.
- 공부를 제대로 한다면 다정한 마음을 얻게 됩니다.

다다익선 多多益善
- 많으면 많을수록 더욱 좋다는 뜻의 사자성어.
- 도서관에서 책은 다다익선입니다.

함께 생각해 봐요

① 최근에 더 알고 싶은 것이 있나요? 더 알아보고 싶은 멋진 세계에 대해서 써 보세요.

> 호수 위 거위를 보고 거위에 대해 궁금해졌습니다. 거위의 세계에 대해서 더 많이 알아가 보고 싶어요. 그럼 새의 특성에 대해서도 더 잘 알 수 있을 거고요. 더 넓은 세계를 다양하게 만날 수 있을 것 같아요.

② 〈단어를 활용해 봐요〉에서 익혔던 단어와 어울리는 상황을 연결해 봅시다.

- 다다익선 • — • 진이는 새에 관한 책은 많을수록 좋다고 생각합니다.
- 다양 • — • 패딩에 들어갈 수 있는 소재는 거위 털 말고도 목화 솜, 옥수수 솜 등 여러 가지가 있습니다.
- 다정 • — • 진이는 새뿐만 아니라 로봇, 책 등 여러 분야에 관심이 많습니다.
- 다방면 • — • 거위를 걱정하는 진이의 마음이 따뜻합니다.

정답:

시도 때도 없이 연습하기

: 익힐 습

기다리던 수영 강습 첫날, 강은이는 팔과 다리를 함께 움직일 수가 없었어요.
그래서 침대에 누워서도, 목욕을 하면서도, 시시때때로 동작을 연습했어요.
그랬더니 다음 시간엔 습관이 들어서 자연스럽게 헤엄을 칠 수 있게 되었어요!

무슨 뜻인지 알아봐요

길에서 애처롭게 우는 어린 새를 볼 때가 있어요. 다치거나 부모를 잃은 새일 수도 있지만, 대부분은 비행 훈련을 하는 중이라고 해요. 부모 새가 자식을 둥지에서 밀어 낸 뒤 숨어서 지켜보고 있는 것이죠. 어린 새가 스스로 하늘로 날아오를 수 있도록요. 이런 모습을 본떠서 만든 한자가 있어요. 習이라는 한자랍니다. 한자의 윗부분에 있는 羽(깃 우)라는 글자가 새의 날개 모양이라고 해요.

習은 '습'이라고 읽고 '익히다'라는 뜻이에요. 익힌다는 것은 한번 해 보고 마는 것이 아니라, 일상에서 틈이 날 때마다 자꾸 해 보는 거예요. 길을 걸을 때, 밥을 먹을 때, 핸드폰을 할 때도요. 한순간의 성공과 실패는 중요하지 않아요. 의식하지 않고도 날갯짓을 할 수 있으려면 아주 긴 시간과 노력이 필요하거든요. 조급해할 필요 없어요. 그저 꾸준히 계속하는 것만이 유일한 방법이랍니다.

여러분은 어떤 일을 꾸준히 하고 있나요? 작은 습관들도 중요해요. 작은 습관에서 나의 세계가 시작되거든요. 날갯짓 연습이 어린 새를 날 수 있게 해 주는 것처럼 말이에요. 물론 습관을 바꾸고 만드는 일은 어렵고 힘들어요. 하지만 중요한 일이랍니다. 그 작은 순간들이 모여 여러분의 마음을 바꾸고, 여러분의 마음이 조금 더 좋은 세상을 만들게 될 테니까요.

단어를 활용해 봐요

습관 習慣
- 여러 번 되풀이하면서 몸에 밴 행동.
- 습관처럼 시도 때도 없이 노래 연습을 했습니다.

자습 自習
- 가르치는 사람 없이 자기 혼자 공부하는 것.
- 선생님이 안 계신 자습 시간에는 자꾸 졸게 됩니다.

관습 慣習
- 한 사회에서 오랫동안 이어져 굳어진 풍습이나 방식.
- 곤란한 사람을 모른 척하지 않는 관습이 우리 사회에 필요합니다.

학이시습 學而時習
- 배우고 때때로 익힌다는 뜻의 사자성어.
- 학이시습하는 자세는 누구에게나 다 필요합니다.

함께 생각해 봐요

1. 〈단어를 활용해 봐요〉를 읽고, 다음 문장 속 빈칸에 들어갈 단어를 맞혀 봅시다.

(1) 우리 도시에는 매년 여름에 수영 대회를 여는 ☐☐ 이 있습니다.

(2) 강은이는 자유 시간에 선생님 없이 혼자 ☐☐ 을 했습니다.

(3) 강은이는 수영을 할 때 발을 먼저 움직이는 ☐☐ 이 있습니다.

정답: (1) 관습 (2) 자습 (3) 습관

2. 주변에 멋진 습관을 가진 이가 있나요? 그는 어떤 걸 꾸준히 해내고 있나요? 사람, 동물, 식물, 곤충, 캐릭터 등에서 내가 본받고 싶은 습관을 소개해 봅시다.

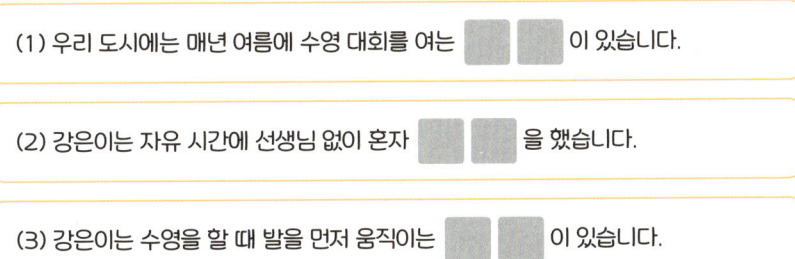

우리 언니는 매일 버스에 타고 내릴 때마다 운전 기사님께 감사 인사를 하는 습관이 있어요. 나도 언니를 본받고 싶어요.

_____

_____

옛것을 통해 새로운 것 만나기

민서는 취미에 관한 동영상을 만들고 싶은데, 어떻게 해야 할지 잘 모르겠어요.
찾아보니 민서보다 앞서서 이 주제를 다루었던 사람이 꽤 많네요!
다른 사람들이 만든 영상들을 보고 배우고 나니까 새로운 아이디어가 떠올랐어요.

무슨 뜻인지 알아봐요

오늘날에는 많은 사람이 크리에이터가 되어서 무언가를 새로 만드는 창작 활동을 합니다. 그런데 그거 알고 있나요? 사실은 공부도 창작 활동이랍니다. 공부란 배운 것을 응용해서 새로운 결과물을 만들어 내는 거니까요. 新은 '새로움'이라는 뜻이고 '신'이라고 읽어요. 새것을 만들 때 옛것은 이미 지난 것이니 필요 없을까요? 그렇지 않아요. 하늘 아래 완전히 새로운 것은 없기 때문이에요. 주위를 한번 둘러보세요. 옛것을 바탕으로 살아가고 있잖아요. 이미 우리는 옛사람들과 연결되어 있고, 그렇기 때문에 뿌리가 튼튼한 존재랍니다.

옛것을 그대로 따라 하거나 무시하는 것은 진정한 창작이라고 할 수 없어요. 새것은 옛것을 깊이 만나는 과정에서 나타나기 때문에, 창작을 하려면 앞선 사람들이 내놓은 길을 따라 걷는 게 중요해요. 그 사람들이 왜 이 길로 갔을지 생각해 보는 거예요. 나라면 어떻게 할지 상상도 해 보고요. 그러다 보면 또 다른 새로운 길이 보이고, 익숙했던 풍경이 이전과 달라 보일지도 몰라요. 뻔해 보였던 것이 새롭게 느껴지고, 지루해 보였던 것이 재밌어 보입니다. 할 수 없을 것 같았던 일도 해 볼 수 있을 것 같고, 지쳤던 마음에는 활력이 돌아요. 이것이 바로 옛것을 공부하면 얻게 되는 힘이랍니다. 여러분들이 새로운 일을 시작할 때 옛것은 여러분의 튼튼한 뿌리이자 든든한 지원군이 되어 줄 거예요.

단어를 활용해 봐요

신문 新聞
- 그때그때 여러 가지 일을 때맞추어 담아서 알리는 소식지.
- 신문에는 최근에 일어난 소식이 실립니다.

신생 新生
- 새로 생긴 것.
- 제가 응원하는 팀은 이번 해에 만들어진 신생 팀입니다.

신참 新參
- 새로 들어옴. 또는 그런 사람.
- 우리 동아리의 신참에게도 참여할 기회를 줍시다.

온고지신 溫故知新
- 옛것을 익히고 그것을 미루어서 새것을 안다는 뜻의 사자성어.
- 온고지신한다면 어려운 일도 해낼 수 있습니다.

함께 생각해 봐요

1. 新이라는 한자를 누구에게 알려 주고 싶은지 생각해 봅시다. 그 이유도 적어 보세요.

> 기상천외한 어플을 만들고 싶어 하는 동생에게 알려 주고 싶어요. 앞선 개발자들이 어떻게 만들어 왔는지 공부하다 보면 새로운 길이 보일 수 있기 때문이에요.
>
> _____
>
> _____

2. 新의 의미를 생각하며, 종이접기를 한다고 상상해 봅시다. 옛것(기존의 것)을 다루는 방식과 어울리는 종이접기의 방식을 서로 연결해 봅시다.

기존의 것을 무시하는 것	•	•	종이접기 책에 나온 방법을 따라 연습합니다.
기존의 것을 그대로 따라 하는 것	•	•	종이접기 책을 보지 않고 아무렇게나 종이를 마구 접습니다.
기존의 것을 새롭게 해석하는 것	•	•	종이접기 책 속의 방법을 조금씩 바꾸어서 새로운 방법으로 도전해 봅니다.

정답: ⋈

잘못된 행동 고치기를 두려워 말기

: 허물 과

단짝 태이는 언제나 지우의 말을 잘 들어주었어요.
평소처럼 지우는 자기가 하고 싶은 걸 이야기했어요. 태이의 말을 무시하고 고집을 부렸지요.
태이는 지우에게 참다 참다 화를 냈어요. 다행히 지우가 자기 잘못을 깨닫고 바로 사과했네요.

무슨 뜻인지 알아봐요

過는 '허물'이라는 뜻이고 '과'라고 읽어요. '잘못'이라는 말이지요. 잘못을 안 하는 사람이 있을까요? 아마 없을 거예요. 어느 누구에게나 부족한 부분이 있기 마련이랍니다. 만화 속 지우도 자신의 생각을 솔직하게 말할 수 있는 멋진 어린이이지만, 동시에 친구의 의견을 무시하는 잘못을 저지르기도 하지요. 우리는 모두 조금씩 부족한 존재들이에요. 그렇기 때문에 서로 보듬어야 함께 살 수 있어요. 만일 자신이 잘못한 적이 없는 것 같다면, 그건 스스로를 제대로 보지 못하고 있다는 뜻일지도 몰라요.

잘못을 저지르면 마음이 어떤가요? 속상하거나 화가 나기도 하고, 다른 사람 탓을 하고 싶거나 모르는 척 숨고 싶어지기도 합니다. 하지만 잘못을 너무 나쁘게만 생각할 필요는 없어요. 잘못을 알게 되는 건 다행인 일이랍니다. 만약 나도 잘못한 걸 모르고, 주위에서도 말해 주지 않는다면 고칠 수 없게 돼요. 하지만 알게 된다면 고칠 수 있겠지요.

잘못은 고칠 수 있을 때 곧바로 고쳐야 해요. 그냥 둬서 계속 반복되면 나의 삶에 깊숙이 들어와 버리거든요. 진짜 허물이 되어 버리는 것이죠. 어떻게 하면 잘못을 고칠 수 있느냐고요? 입으로 떠들면서 가볍게 흘려보내는 것이 아니라, 마음 깊이 돌아보는 거예요. "앗, 내가 그랬다니!" 하고 깨닫게 된다면, 누가 꾸짖지 않더라도 등에 식은땀이 날 거예요. 그때가 되면 같은 잘못을 되풀이하지 않도록 고치는 방법도 저절로 알 수 있게 된답니다.

단어를 활용해 봐요

과실 過失
- 조심하지 않아서 저지르는 잘못.
- 부끄럽지만, 그건 내 과실이 맞습니다.

과속 過速
- 자동차 따위의 주행 속도를 너무 빠르게 한 것.
- 과속으로 달리던 차들이 사고가 났습니다.

사과 謝過
- 잘못이나 실수를 저질러서 미안하다고 말하는 것.
- 친구는 내게 사과했지만, 진심으로 미안해하는 마음이 느껴지지 않았습니다.

지과필개 知過必改
- 실수를 알게 되면 반드시 고쳐야 함.
- 지과필개할 수 있다면 실수는 오히려 좋은 기회가 될 수 있습니다.

함께 생각해 봐요

1 過는 우리 일상에서 자주 사용되는 한자입니다. '허물'이라는 뜻 외에도 '지날' '지나칠' 같은 뜻이 있지요. 다음 빈칸에 어떤 단어가 들어가면 좋을까요? 〈단어를 활용해 봐요〉에서 찾아봅시다.

(1) 자신의 ☐☐ 을 돌아보려면 용기가 필요합니다.

(2) 때로는 백 마디의 변명보다 한 마디의 진심 어린 ☐☐ 가 더 빛나기도 합니다.

(3) ☐☐ 으로 달리던 자전거끼리 부딪쳤습니다.

정답: (1) 과실 (2) 사과 (3) 과속

2 지우에게 어떤 이야기를 해 줄 수 있을까요? 過의 의미를 되새기며 지우에게 편지를 써 봅시다.

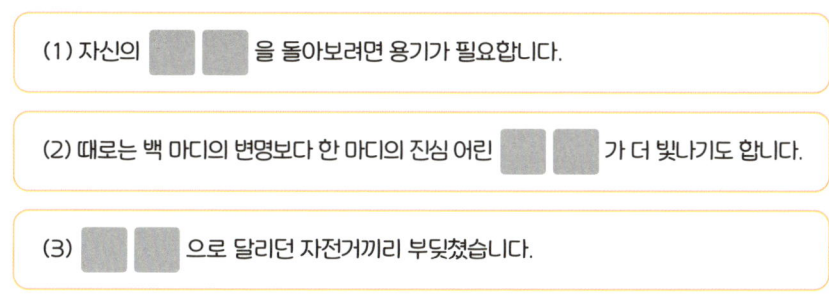

지우야, 태이가 갑자기 화를 내서 당황했지? 네가 금방 잘못을 깨달아서 다행이야. 태이에게 다시 진심으로 사과해 보자. 어떤 부분에서 잘못했는지 구체적으로 이야기해 보면 어떨까?

당당하기 위해 부끄러워하기

: 부끄러울 치

보현이는 엄마의 피부색과 억양이 다른 사람들과 다르다는 점이 부끄럽게 느껴졌어요.
하지만 이웃 이모의 이야기를 듣고 나자, 그렇게 생각했던 자신이 부끄러워졌답니다.
엄마를 부끄러워한 것이 부끄러운 일이었던 거예요.

무슨 뜻인지 알아봐요

나와 다르다는 이유로 남을 무시하고 차별하는 사람들이 있어요. "넌 왜 달라? 부끄럽지도 않니?"라면서요. '부끄럽다'라는 뜻의 한자는 恥이고 '치'라고 읽어요. 그런데 사실, 옛 사람들에게 부끄러움은 남을 깎아내리고 비난할 때 쓰는 말이 아니라 스스로를 돌아볼 때 떠올리는 덕목이었답니다.

공자는 만약 세상이 올바르지 않은데 나 홀로 돈이 많고 높은 자리에 있다면 부끄러워해야 한다고 말했어요. 사람들과 함께 나누지 않고 혼자 독차지하는 건 옳지 않기 때문이지요. 또 말은 거창하게 해 놓고, 말한 대로 행동하지 못한다면 부끄러워해야 한다고도 했어요.

그러니 이렇게 부끄러워할 줄 모르는 사람은 자기 자신밖에 모르는 사람이라고 할 수 있답니다. 부끄러움을 느낄 수 있는 사람이라면, 스스로를 돌아볼 줄 아는 당당한 사람이라고 할 수 있고요. 혹시 내가 바르지 못한 길로 가는 게 아닐까 조심할 때 부끄러움을 느끼게 되기 때문이니까요. 부끄러움을 느낄 줄 안다면 얼마든지 바른길로 되돌아올 수 있어요. 보현이가 이웃 이모의 이야기를 듣고 과거의 자신을 부끄러워했던 것처럼 말이지요. 그러니 오히려 부끄러움을 느끼지 못한다면 더 큰 문제랍니다. 그렇다면 오늘을 사는 우리는 또 어떤 것을 부끄러워해야 할까요?

단어를 활용해 봐요

수치 羞恥
- 창피하고 부끄러운 꼴.
- 친구 때문에 수치심을 느낀 하루였습니다.

염치 廉恥
- 부끄럽거나 미안한 것을 아는 마음.
- 염치없게 굴면 안 된다고 누나에게 혼이 났습니다.

파렴치 破廉恥
- 창피한 짓을 하고도 뻔뻔한 것.
- 그 사람은 도둑질을 해 놓고 어떻게 그렇게 파렴치할 수 있는지 모르겠습니다.

후안무치 厚顔無恥
- 뻔뻔스러워 부끄러움이 없음.
- 후안무치한 사람이 되지 않기 위해 조심해야겠습니다.

함께 생각해 봐요

1 恥는 耳(귀 이)와 心(마음 심)으로 구성되어 있어요. 귀가 빨개질 때의 마음을 뜻하지요. 여러분은 부끄러울 때 어떤 신체 부위가 어떻게 반응하나요?

> 나는 부끄러운 마음이 들 때 입술에 힘을 줍니다.

2 미등록 이주 노동자에 대해 들어 봤나요? 어떤 사람들은 그들을 '불법 체류자'라고 부르며, 스스로 부끄러워해야 한다고 말해요. 하지만 정말로 부끄러워해야 하는 건 그들을 차별하는 게 아닐까요? 혹시 다른 나라에서 왔다는 이유로, 피부색이 다르다는 이유만으로 누군가를 무시하는 마음이 들었거나 차별한 적이 있다면 적어 보세요.

> 지하철에서 외국인의 옆자리가 비었는데 괜히 꺼려져서 앉지 않았습니다. 돌이켜 보니 부끄러운 행동이었어요.

나에게 진심을 다하기

: 정성스러울 충

하루는 동생과의 약속을 깜빡하고 친구와 놀이공원에 다녀왔어요.
동생이 울자 하루는 당황해서 동생에게 적반하장으로 화를 내고 말았어요.
하루가 자기 마음에 충실했다면 진심으로 사과했어야 하지 않을까요?

무슨 뜻인지 알아봐요

忠은 '충성' 할 때 쓰는 '충'이라는 한자입니다. 사실 忠이 복종의 의미로 쓰이기 시작한 건 그리 오래되지 않았어요. 원래 忠은 '성실하다' '진실하다'는 뜻이거든요. '진심을 다한다'고 할 수도 있겠네요. 친구가 잘못했을 때 정성스럽게 알려 주는 것을 '충고'라고 하고, 그 누구도 속이지 않고 진실한 것을 '충실'이라고 하지요.

공자는 제자들에게 忠하라고 가르쳤어요. 누구에게 진심을 다하라는 걸까요? 군주나 선생, 상사가 아니라, 바로 '자기 자신'이었답니다. 나에게 진심을 다하려면 자기 자신과 거리를 둘 수 있어야 해요. 내 생각이나 감정에서 한 발짝 떨어져서 보는 거지요. 그러면 혹시나 스스로에게 忠하지 않았는지 나를 들여다볼 수 있어요. 하루가 동생에게 화를 낸 뒤에 자신의 마음을 돌아보는 것도 忠이겠지요. 스스로에게 충실했던 게 맞는지 그러지 못해 약속을 잊어 놓고 동생에게 괜히 화풀이를 한 건 아닌지 생각해 보는 일이니까요.

忠을 잘 보면 心(마음 심)과 中(중심 중)이라는 한자가 합쳐져서 마음이 중심을 잡은 모양이에요. 만약 忠하지 않으면 마음의 중심을 잃게 될지도 몰라요. 다른 사람이 나를 알아주기만을 기대하거나, 다른 사람을 탓하게 될 수도 있다는 말이에요. 만약 그런다면 사람들의 마음을, 그러니까 신뢰를 잃을지도 몰라요. "이 정도면 충분해! 나는 진심을 다했어!" 하고 스스로 말할 수 있다면 얼마나 뿌듯할까요? 또 그런 사람이라면 얼마나 충성스럽다고 말할 수 있을까요? 즉, 얼마나 믿음직스러울까요?

단어를 활용해 봐요

충고 忠告
- 남에게 잘못을 고치거나 앞으로 어떻게 하라고 진심으로 좋게 타이르거나 일러 주는 것.
- 자꾸 다치는 친구를 보니 속상해 조심스레 충고해 주었습니다.

충실 忠實
- 힘과 마음을 기울여 정성스럽다.
- 우리 반 친구들 모두가 학예회 준비에 충실했다고, 당당하게 말할 수 있습니다.

충성 忠誠
- 마음에서 우러나는 정성.
- 우리 집 강아지와 나는 서로에게 충성을 다합니다.

언사필충 言思必忠
- 말할 때는 진실되게 할 것을 생각해야 한다라는 뜻의 사자성어.
- 언사필충하는 사람에게는 뭐든 믿고 맡길 수 있습니다.

함께 생각해 봐요

1 천천히 자기 마음을 돌아본 하루는 동생에게 어떻게 말을 걸어 보면 좋을까요? 〈단어를 활용해 봐요〉에서 익힌 단어 중에서 '충실'이라는 단어를 활용해서 적어 봅시다.

> 동생아, 너에게 화를 내고 난 뒤에 내 마음을 충실히 되돌아봤어. 그랬더니 너에게 화가 난 게 아니었어. 네 약속을 까먹은 나에게 화가 난 거야. 미안해.

2 다음 중 가장 忠하다고 할 수 있는 상황은 어떤 것인지 골라 보세요.

> ① 나도 잘못했다는 생각은 들었지만, 무작정 친구를 탓했습니다.

> ② 선배가 시킨 일이 옳지 않다는 것을 알았지만, 그래도 선배의 말대로 하기로 했습니다.

> ③ 내 짝꿍은 스스로를 속이지 않고 충실하기 때문에 많은 친구들에게 신뢰를 받습니다.

정답: ③

상황과 관계를 생각하기

: 곧을 직

친구들 모두 최신형 핸드폰을 가지고 있어요. 연우는 최신형 핸드폰을 집에 두고 왔다며 한 번도 보여 주지 않았어요. 어느 날 기영이는 연우가 구형 핸드폰을 갖고 있는 것을 보았어요. 솔직하게 친구들에게 본 것을 말해야 할까요?

무슨 뜻인지 알아봐요

直은 교과서에 자주 등장하는 한자예요. 과학 시간에는 '직류'에 대해, 수학 시간에는 '직선'에 대해, 역사 시간에는 '직립'에 대해 배우지요. 直은 '곧다'는 뜻이고 '직'이라고 읽어요. '크기와 방향이 변하지 않고 일정하게 흐르는 전기' '곧게 뻗은 선' '곧게 바로 섬'이라는 뜻이죠. 즉, 直은 굽지 않고 똑바르다는 의미인데요. '바르다'라는 뜻도 있어서 '솔직'과 '정직'이라는 단어에도 쓰여요. 오랜 세월 동안 우리는 直을 미덕으로 여겼답니다. 어떤 경우를 정직하다고 말할 수 있을까요?

규칙을 그대로 따르거나, 솔직하게 말한다고 해서 꼭 정직하다고 할 수는 없어요. 만약 부모님이 피치 못할 사정으로 도둑질을 했는데, 자식이 부모님을 고발했다면 정직하다고 할 수 있을까요? 또 옛날에 미생이라는 사람은 다리 밑에서 연인을 기다리다가, 하천 물이 불었는데도 떠나지 않아서 물에 빠져 죽었대요. 미생이 약속을 어기지 않았다고 해서 곧다고 할 수 있을까요?

정직에 객관적인 기준이나, 절대적인 법칙 같은 것은 없답니다. 어떤 기준이든 어떤 법칙이든 우리가 처한 상황과 우리가 맺는 관계에 따라 다르게 볼 수 있어야 해요. 정직한 사람이 되기 위해서는, 그러니까 매번 바르고 곧게 행동하기 위해서는 상황과 관계를 정확하게 보고 구체적으로 생각할 수 있어야겠지요. 그래서 정직하기 위해서는 오히려 유연하게 굽힐 줄도 알아야 한답니다.

단어를 활용해 봐요

정직 正直
- 거짓 없이 참되고 곧은 것.
- 정직한 사람은 나쁜 유혹에 쉽게 흔들리지 않습니다.

직시 直視
- 집중하여 어떤 대상을 똑바로 봄.
- 피하고 싶은 일일수록 직시할 수 있어야 합니다.

직진 直進
- 앞으로 곧게 나아가는 것.
- 문방구에서 스무 걸음만 직진하면 우리 학교가 나옵니다.

이실직고 以實直告
- 어떤 일을 사실대로 말한다는 뜻의 사자성어.
- 친구가 눈을 똑바로 쳐다보며 말하라고 하자 이실직고할 수밖에 없었습니다.

함께 생각해 봐요

1. 〈단어를 활용해 봐요〉에서 익혔던 단어와 어울리는 상황을 연결해 봅시다.

이실직고	•	•	복도를 따라 쭉 가면 연우와 친구들이 모여 있을 겁니다.
정직	•	•	연우가 자신의 사정을 사실대로 털어놓으면 좋겠습니다.
직진	•	•	기영이는 연우의 사정을 정확히 보려고 했습니다.
직시	•	•	기영이는 거짓 없이 말하는 사람이 되고 싶었습니다.

2. 기영이는 연우의 거짓말을 밝혀야 할까요? 자신이 기영이라면 어떻게 했을지 적어 보세요.

> 나라면 연우에게 물어보고 연우가 친구들과 어울리고 싶은 마음에 어쩔 수 없이 거짓말했다면 친구들에게 굳이 이 사실을 말하지 않을 것 같아요.

그럼에도 불구하고 나아가기

: 굳셀 강

빈이는 성별이 같은 친구를 좋아하고 있어요.
엄마는 그런 빈이에게 세상에는 다양한 형태의 사랑이 있다고,
모두들 계속 사랑하는 덕분에 세상이 조금씩 바뀌고 있다고 이야기해 주셨어요.
빈이는 다른 사람들의 시선이 무서웠지만 굴하지 않고 굳게 마음을 먹으려고 해요.

무슨 뜻인지 알아봐요

'강하다'는 뜻과 '강'이라는 음을 가진 한자가 여럿 있습니다. 그중에서도 剛은 태극기의 문양 중 빨간색 부분과 의미가 비슷해요. '굳세다'라는 뜻이지요. 공자가 살면서 진정으로 剛한 사람을 본 적이 없다고 이야기했을 정도로 剛해지기는 쉽지 않아요. 강한 사람, 굳센 사람을 생각하면 어떤 모습이 떠오르나요? 힘도 세고, 몸도 다부지고, 목소리도 큰 남자 어른이 떠오르지 않나요?

하지만 그런 사람이 剛한 사람은 아니랍니다. 겉모습은 중요하지 않아요. 몇 살이든, 어떤 신체 특성이 있든, 어떤 성별이든 剛한 사람이 될 수 있어요. 체구가 작을 수도 있고요. 목소리가 작거나 말을 어눌하게 할 수도 있어요.

그렇다면 진짜 剛한 사람은 어떤 사람일까요? 아무리 힘들어도 포기하지 않고 해야 할 일을 묵묵히 해내는 사람이랍니다. 나에게도 세상에도 의미 있는 일을 하고자 할수록, 나만의 욕심에서 비롯된 일이 아닐수록 해내기가 어려울 수 있어요. 당장 주어지는 명예나 이익이 없을 테니까요. 나도 세상도 바뀌지 않는 것 같아 외롭고 지칠 수도 있겠지요. 剛은 '그럼에도 불구하고'의 자세랍니다. 굴

하지 않고, 의지를 꺾지 않고, 바른길로 계속 나아가는 사람이 바로 강한 사람이에요.

단어를 활용해 봐요

강단 剛斷
- 굳세고 꿋꿋하게 견디어 내는 힘.
- 때로는 강단 있게 편견에 맞설 수 있어야 합니다.

강직 剛直
- 태도나 됨됨이가 꿋꿋하고 바른 것.
- 강직한 사람은 해야 할 일을 꿋꿋하게 해냅니다.

강도 剛度
- 금속의 단단하고 센 정도.
- 강도는 금속에 힘을 가했을 때, 얼마나 늦게 파괴되느냐에 따라 결정됩니다.

외유내강 外柔內剛
- 겉으로는 부드러워 보이나 속은 굳세다는 뜻의 사자성어.
- 누나는 외유내강형이라서 어려운 상황이 와도 쉽게 포기하지 않습니다.

함께 생각해 봐요

1 주변에 본받고 싶은 剛한 이가 있나요? 그는 어떤 일을 묵묵히 해내고 있나요? 사람, 동물, 식물, 곤충, 캐릭터 등의 강한 면모를 소개해 봅시다.

> 개미는 먹이를 발견하면 잘게 쪼개서 여러 번 옮기기도 하고, 친구들을 불러 함께 힘을 모으기도 해요. 아무리 오래 걸려도 끝까지 먹이를 나르고 친구들과 나누어 먹는 개미는 정말 강한 곤충이에요.

2 剛의 의미를 되새겨 봅시다. 다음 중 剛한 사람은 누구인가요?

① 정원이는 축구부 에이스입니다. 워낙 몸이 튼튼해서 경기 중에 몸싸움을 해도 지지 않기로 유명합니다. 키도 크고 덩치도 커서 어디를 가도 눈에 잘 띕니다.

② 하늘이는 카리스마가 있습니다. 그래서인지 하늘이가 반장이 된 뒤로 자습 시간에 시끄럽게 떠드는 친구들이 사라졌습니다.

③ 가람이는 교실 청소를 할 때면 아무도 치우지 않는 구석까지 꼼꼼하게 치웁니다. 가끔 지치기도 하지만, 언젠가 자신과 함께할 친구가 생기기를 기다립니다.

ⓒ:君子

묵묵히 해야 할 일을 하기

: 덕 덕

태희는 집 근처 길고양이들이 음식물 쓰레기 봉투를 뒤지는 걸 봤어요.
그 뒤로 매일 같이 묵묵히 고양이의 밥 자리를 정리하고, 밥을 챙겨 주었어요.
그런 태희의 마음을 길고양이들도 알아주고, "덕분이야"라고 말하는 것 같아요.

무슨 뜻인지 알아봐요

德은 내 것을 양보해서 다른 이를 배려할 때 마음 안에서 자라나는 성품이에요. 이 한자는 뜻과 음이 같아요. '덕'이랍니다. 일상에서도 많이 쓰이는데요, "덕분이에요"나 "덕택입니다"는 누군가가 베푼 훌륭한 마음에 고마움을 전하는 말이지요. 공자는 德이 있는 사람이 많지 않다며 안타까워한 적이 있어요. 어떤 사람을 두고 덕이 있다고 할 수 있을까요? 자기를 최우선으로 생각하는 이기적인 사람은 덕이 있다고 할 수 없을 거예요. 또 자기가 얻을 수 있는 이득부터 먼저 계산하는 약삭빠른 사람도 마찬가지고요.

덕이 있는 사람은 마땅히 해야 할 일을 묵묵하게 해내는 사람이랍니다. 그 일은 청소일 수도 있고, 다른 이를 보살피는 일일 수도 있어요. 자격증을 얻거나 남들에게 주목을 받는 일도 아닌데, 어떻게 계속 해낼 수 있을까요? 덕이 있는 이들이 참을성이 강하기 때문이 아니에요. 그런 일을 하는 게 좋기 때문이랍니다. 좋아하는 사람을 보면 마음이 움직이는 것처럼 마땅히 해야 할 일을 보면 자연스레 마음이 끌리는 것이지요.

덕에는 목적이 없어요. 그저 계속해서 덕을 쌓는 하루하루를 살아갈 뿐이에요. 덕을 우리 마음의 베이스캠프로 삼아 볼까요? 잠시 다른 곳에 다녀와도 괜찮아요. 다시 덕으로 돌아오면 되니까요. 놀랍게도 세상은 덕이 있는 사람을 알아본답니다. 덕에는 멀리 퍼져나가는 힘이 있거든요. 그래서 멀리 있던 사람도 덕 있는 이를 알아보고 찾아오지요. 공자가 했던 이 말처럼요. "덕은 외롭지 않다. 반드시 이웃이 있기 마련이다."

단어를 활용해 봐요

덕분 德分
- 남에게서 받은 도움이나 은혜.
- 나 대신 친구가 화를 내 준 덕분에 마음이 풀렸습니다.

덕성 德性
- 인정 많고 너그러운 마음씨.
- 동물들은 덕성을 갖춘 사람을 알아봅니다.

덕불고 德不孤
- 덕이 있는 사람은 따르거나 돕는 자가 많으므로 고립되지 않음.
- 덕불고를 좌우명으로 삼은 뒤부터 사람이 덜 쪼잔해졌습니다.

위정이덕 爲政以德
- 덕으로 정치를 한다는 뜻의 사자성어.
- 위정이덕하면 좋은 소문을 듣고 멀리서도 찾아오는 사람들이 생깁니다.

함께 생각해 봐요

1 오늘 덕을 쌓는 일을 한 적이 있나요? 〈단어를 활용해 봐요〉에서 익힌 '덕분'이라는 단어를 사용해서 그 내용을 적어 보세요.

> 친구와 초콜릿을 나누어 먹을 때, 조금 더 크게 잘린 부분을 친구에게 주었습니다. 친구가 덕분에 맛있게 먹었다며 고마워했습니다.

2 교실의 쓰레기통이 꽉 차자 초록이가 쓰레기통을 비웠습니다. 초록이는 어떤 마음으로 이 일을 했을까요? 다음 중 어떤 경우에 초록이에게 德이 있다고 할 수 있을까요?

> ① 초록이는 다음 학기의 반장 선거를 노리고 있습니다. 반을 아끼는 모습을 보여 주면 친구들이 좋아해 줄 거라고 생각했습니다.

> ② 초록이의 자리는 쓰레기통과 가깝습니다. 당번이 치우지 않자 너무 화가 났지만, 꾹 참고 억지로 청소했습니다.

> ③ 초록이는 지나가다가 꽉 찬 쓰레기통을 보고 비워야겠다고 생각했어요. 그래야 다른 친구가 사용할 수 있기 때문이지요.

ⓒ :鲁 ③

따라 써 봐요

《논어》 한마디

過則勿憚改
과 즉 물 탄 개

"허물이 있으면 고치기를 꺼리지 말아야 한다."
―《논어》,〈학이學而〉8

立 [설립]	立	立			
부수 立(설립) 총획수 5획	` 亠 亡 立 立				

多 [많을다]	多	多			
부수 夕(저녁석) 총획수 6획	﹅ ク 夕 歹 多 多				

忠 [정성스러울 충]

忠 忠

부수 心(마음심) **총획수** 8획

丨 丨 口 口 中 virtue 忠 忠 忠

直 [곧을 직]

直 直

부수 目(눈목) **총획수** 8획

一 十 𠃍 亣 𠂉 有 直 直

剛 [굳셀 강]

剛 剛

부수 刂(선칼도방) **총획수** 10획

丨 冂 冂 冂 冂 岡 岡 岡 剛 剛

德 [덕 덕]

德 德

부수 彳(두인변) **총획수** 15획

丿 丨 彳 彳 彳 彳 德 德 德 德 德 德 德 德

자유롭게 한자를 연습해 보세요

2

이웃과 살아가기

우리는 가족, 이웃, 친구와 함께 살아갑니다.
가까운 이들을 어떤 마음으로 만나고 대하면 좋을까요?

나를 뿌리부터 존중하는 방법

: 효도 효

부모님이 다투던 중에 다운이에게 불똥이 튀었지만, 부모님은 곧바로 미안하다며 다운이에게 사과했어요. 다운이는 처음에 화가 났지만, 사과하는 부모님의 모습을 보면서 마음이 풀렸어요. 그리고 날 사랑해 주시는 부모님의 마음이 어떨까 헤아려 보았어요. 이게 바로 효도가 아닐까요?

무슨 뜻인지 알아봐요

효도라는 뜻의 한자는 孝라고 쓰고 '효'라고 읽는답니다. 부모님을 공경한다는 뜻을 담고 있어요. 효도가 왜 필요한지 생각해 본 적 있나요? 효도한다는 게 어떤 것인지는요? 효도란 부모님 말씀을 무조건 잘 듣는 거라고 말하는 사람도 있어요. 하지만 부모님 말이 꼭 다 옳다고는 할 수 없어요. 부모님이라고 완벽한 사람은 아니기 때문이지요. 부모님도 부모 역할은 처음 해 본답니다. 때로는 실수하기도 하고 좋지 않은 선택을 할 수도 있을 거예요.

그렇다고 부모님을 함부로 대하거나 무시해서는 안 돼요. 부모님이 자식을 최대한 잘 키우려고 애쓰는 것처럼 우리도 부모님을 잘 모시려고 노력해야 해요. 왜냐하면 부모님은 내가 이 세상에 있을 수 있게 해 준 분이기 때문이에요. 나에게 많은 것을 물려주었고, 나와 직접적으로 연결되어 있지요. 그래서 부모님을 잘 살피는 일은 나의 뿌리를 잘 살피는 일이기도 하답니다. 즉, 효도란 나를 존중하는 일이기도 한 셈이에요.

말을 잘 듣거나 무거운 물건을 대신 날라드리는 것, 혹은 맛있는 음식을 드리는 것은 효도가 아니에요. 효도의 진짜 의미는 부모님의 마음이 되어 보는 것이랍니다. 나 자신만 생각하다 보면 부모님을 떠올리지 못할 수도 있어요. 하지만 부모님은 나와 긴밀하게 연결되어 있는 존재라는 것을 잊지 마세요. 나의 뿌리에 거름도 주고 물도 주며, 건강하고 튼튼하게 만들어 봅시다.

단어를 활용해 봐요

효도 孝道
- 자식으로서 부모를 잘 섬기는 일.
- 효도는 부모님의 마음을 살피는 일입니다.

효심 孝心
- 부모에게 효도하려는 마음.
- 효심은 표정으로도 드러납니다.

불효 不孝
- 자식이 부모를 잘 모시지 않는 것.
- 위험한 곳에 가 부모님을 불안하게 하는 것도 불효가 될 수 있습니다.

효자애일 孝子愛日
- 효자는 부모님이 살아계신 날을 아낀다는 뜻의 사자성어.
- 효자애일하니 부모님과 함께하는 하루하루가 소중합니다.

함께 생각해 봐요

1 〈단어를 활용해 봐요〉를 읽고, 다음 문장 속 빈칸에 들어갈 단어를 맞혀 봅시다.

(1) ☐☐ 는 부모님뿐만 아니라 나를 존중하는 일이기도 합니다.

(2) 일상에서 내게 뿌리가 있다는 사실을 떠올린다면 ☐☐ 이 깊다고 할 수 있습니다.

(3) 실수를 하거나 부모님을 실망시킨다고 ☐☐ 자식이 되는 것은 아닙니다.

정답: (1) 효도 (2) 효심 (3) 불효

2 최근에 부모님에게 효도한 적이 있나요? 어떻게 부모님의 마음을 헤아렸는지, 孝가 들어가는 단어를 사용해서 적어 봅시다.

> 아빠가 기운이 없어 보여서 어깨를 주물러 드렸어요. 그러면서 혹시 힘든 일은 없으신지 여쭤보았어요. 아빠가 저보고 효자라고 하셨어요.
> _____
> _____

좋은 친구 사귀는 방법

: 친구 우

어느 날, 사랑이는 친구 노을이가 선생님께 함부로 반말하고 톡톡 치는 모습을 봤어요.
아무래도 나쁜 마음으로 그랬을 것 같지는 않아요.
노을이에게 친구로서 잘못된 행동에 대해 이야기를 해 주는 게 좋을까요?

무슨 뜻인지 알아봐요

여러분은 어떤 사람을 친구라고 생각하나요? '이우보인(以友輔仁)'이라는 사자성어가 있어요. '친구와 함께하면 바른 곳으로 나아갈 수 있다'라는 뜻이에요. 하고 싶은 게 있어도 혼자 해낼 수 있는 경우는 많지 않아요. 친구의 도움이 필요하지요. 옛사람들은 나와 함께 길을 걸어가는 사람을 친구라고 생각했어요. 꼭 또래가 아니더라도 어른이나 동생과도 친구가 될 수 있고, 동물이나 식물과도 친구가 될 수 있어요. '친구'라는 뜻의 한자는 友고, '우'라고 읽는답니다.

친구가 잘한 게 있다면 알려 줘서 더 잘할 수 있게 해 줘야 해요. 하지만 듣기 좋은 이야기만 해 주는 친구는 좋은 친구라고 할 수 없어요. 친구에게 아쉬운 점이 있다면 바로잡아 줄 필요도 있거든요. 친구가 잘못된 길을 갈 때, 옆에서 도와주지 않는다면 끝끝내 돌아오지 못할 수도 있기 때문이에요. 물론, 그렇다고 매번 친구를 비판만 하는 건 좋지 않아요. 쓴소리만 듣고 싶은 사람은 없을 테니까요.

그래서 좋은 이야기보다 쓴소리를 할 때 더 조심해야 해요. 어떻게 이야기하면 친구가 기분이 나쁘지 않을지, 언제 이야기하면 적당한지 생각해 봐야 하지요. 좋은 친구 되기가 어렵게 느껴진다고요? 친구의 입장이 되어서 생각해 보면 방법을 찾을 수 있을 거예요. 우선은 나부터, 듣기 좋은 이야기만 해 주는 친구보다 필요할 때 필요한 말을 해 주는 친구를 더 소중히 여겨 보면 어떨까요?

단어를 활용해 봐요

교우 校友
- 같은 학교에 다니는 동무.
- 내 최고 장점은 교우 관계가 좋다는 겁니다.

우정 友情
- 동무가 서로 아끼고 위하는 마음. 또는 동무끼리 나누는 따뜻한 정.
- 친구에게 우정을 담은 편지를 보냈습니다.

우호 友好
- 서로 사이가 좋은 것.
- 함께 청소하고 난 뒤로 진솔이는 나를 더 우호적으로 대합니다.

죽마고우 竹馬故友
- 어릴 때 함께 놀던 동무. 대나무 말을 타고 놀던 동무라는 뜻의 사자성어.
- 서형이와 나는 놀이터에서 함께 뛰어놀던 죽마고우입니다.

함께 생각해 봐요

① 友는 오른손의 모양을 본따 만든 한자입니다. 손에 손을 잡고 있는 벗을 나타내지요. 나는 친구에게 어떤 방법으로 애정을 표현하나요? 나만의 '친구'를 뜻하는 기호를 만들어 봅시다.

> 나는 친구를 만나면 너무 반가워서 볼이 발그레해집니다. 그래서 볼이 발그레해지는 모양을 ◎로 그리고, 이걸 친구를 뜻하는 기호로 삼고 싶어요.

② 사랑이는 어느 날 친구 노을이가 선생님을 함부로 밀치는 장면을 보게 되었습니다. 그래서 노을이에게 이 잘못된 행동에 대해 이야기를 해 주려고 합니다. 내가 사랑이라면 노을이에게 어떤 말을 해 줄 수 있을까요?

> 노을아, 선생님을 함부로 밀치는 건 잘못된 행동이야. 네가 나쁜 마음으로 그런 게 아니란 건 잘 알아. 다음부터는 그러지 말고, 선생님께 예의를 지켜 보자.

마음을 넓게 쓰는 방법

스승의 날을 맞이해 깜짝 파티를 준비하는데 규연이와 민교의 생각이 부딪혔어요. 민교는 고집스러운 규연이에게 화가 났지만, 왜 규연이가 자기 주장을 굽히지 않는지 이야기를 들어 보려고 노력했어요. 들어 보니 규연이의 생각도 좋은 것 같아요.

무슨 뜻인지 알아봐요

敬은 '공경'이라는 뜻이고 '경'이라고 읽어요. 때때로 '공경'은 나이가 많은 사람의 말에 토 달지 말라는 의미로 사용되기도 해요. 하지만 원래 敬은 상대의 말을 어기지 말라는 뜻이 아니에요. 상대를 높인다는 뜻이랍니다. 나만 중요하다고 여기는 게 아니라, 상대도 중요하고 멋지다며 존중하는 것이지요. 앗, 조금 헷갈릴지도 모르겠어요. 상대의 말을 그대로 따르는 것도 아니고, 내가 하고 싶은 대로 할 수 있는 것도 아니라면 어떻게 하라는 걸까요?

우리는 무심결에 내가 하고 싶은 건 무엇이든 해도 된다고 생각해요. 내가 세상의 중심이 되기 때문이에요. 그런데 敬이란 나를 나로 꽉 채우지 않는 것이랍니다. 내 마음에 다른 이도 들어올 수 있도록 자리를 마련하는 것이지요. 같이 놀거나 숙제할 때, 다른 이들을 인정하고 함께하는 것이기도 하고요. 민교가 자기 의견만 고집하지 않고 규연이의 이야기를 잘 들어 본 것처럼요.

그러니까 누군가를 존중한다는 것은 내 마음의 자리를 내어 주는 일이랍니다. 이렇게 말하니 뭔가 손해를 보는 것 같나요? 마음을 넓게 쓰는 일은 다른 사람만 위하는 게 아니라 내가 건강하게 살아갈 방법이기도 해요. 내 마음이 나로만 가득 차지 않고, 내가 하는 일에 다른 이들을 초대할 수 있다면 좋은 관계를 맺을 수 있어요. 사람들은 내가 공경받고 있는지 금세 알아차리거든요. 내가 공경하면 상대도 그걸 느낄 수 있어요. 그러면 언젠가 내게도 그 마음이 돌아올 거예요.

단어를 활용해 봐요

경의 敬意
- 존경하는 마음.
- 선생님께 경의를 표했습니다.

경로 敬老
- 노인을 받들어 모시는 일.
- 경로우대석에 앉은 사람은 어르신이 타시면 자리를 비켜 줘야 합니다.

존경 尊敬
- 어떤 사람을 우러르고 받드는 것.
- 우리 이모는 조카들의 존경을 한 몸에 받고 있습니다.

구이경지 久而敬之
- 오래도록 공경한다는 뜻의 사자성어.
- 구이경지하는 사람은 가까운 사이일수록 함부로 대하지 않습니다.

함께 생각해 봐요

1 〈단어를 활용해 봐요〉에서 익힌 단어를 활용해 다음 문장 속 빈칸에 들어갈 단어를 맞혀 봅시다.

(1) 할머니는 ☐☐당에서 친구들을 만나 즐거운 시간을 보내십니다.

(2) 수위 선생님이 은퇴하시는 날, 모두가 ☐☐를 표하며 인사했습니다.

(3) 스승의 날은 제자가 선생님에게 ☐☐하는 마음을 전달하는 날입니다.

정답: (1) 경로 (2) 경의 (3) 존경

2 다음 중 敬의 모습이 아닌 것을 찾아보세요.

① 친구와 입장이 달라서 싸우게 되었습니다. 친구의 말을 한 번 더 들어 보고 친구가 왜 그렇게 생각하는지 그 입장을 이해해 보려고 노력했습니다.

② 친구와 싸우고 난 뒤, 친구는 혼자만의 시간이 필요하다고 했어요. 나는 바로 대화하는 것이 더 중요하다고 생각하기 때문에, 친구를 곧장 찾아가 내 이야기를 했습니다.

③ 선생님이 수업 시간에 새로운 책을 가져와 보여 주셨습니다. 나는 이미 읽은 것이었지만, 선생님의 마음을 생각하며 열심히 이야기를 들었어요.

정답: ②

듬직한 리더가 되는 방법

: 너그러울 관

도윤이는 생일 파티를 열었어요.
친구들을 집에 초대해 맛있는 것을 먹고 게임을 할 생각이었지요. 그런데 막상 친구들이 집에 오니 많은 것이 불편해졌어요. 친구들은 도윤이 눈치를 보느라 즐겁게 놀지 못했어요.
도윤이가 마음을 너그럽게 먹었다면 다 함께 재밌게 놀 수 있지 않았을까요?

무슨 뜻인지 알아봐요

여러분은 어떤 사람을 리더라고 생각하나요? 앞장서서 사람들을 이끄는 사람이라고 생각할지도 모르겠어요. 목소리를 높이거나, 모든 일을 하나하나 짚고 넘어가거나, 실수를 용납하지 않는 그런 사람 말이에요. 하지만 공자가 말한 리더는 그와 정반대였답니다. 공자는 리더란 관대해야 한다고 말했어요. '관대하다'에 쓰이는 한자는 寬이에요. '너그럽다'는 뜻이고 '관'이라고 읽지요.

리더는 다른 사람을 부리는 사람이 아니에요. 내가 가진 것을 내려놓음으로써 사랑할 줄 아는 사람이랍니다. 사랑하려면 너그러워야 해요. 너그럽다면 작은 실수는 모르는 척하거나 이해해 줄 수 있지요. 해야 한다고 혹은 하지 말아야 한다고 생각하는 고집을 내려놓을 수도 있고요. 가진 것이 많다면 나누기도 해요. 리더가 너그럽다면 빈틈이 생길 거예요. 사람들은 그 틈에 싸우기도 하고, 정답게 어울리기도 한답니다.

정말 그렇게 해도 되냐고요? 엉망진창이 되는 거 아니냐고요? 전통 목공 기법 중에 '결구법'이라는 게 있어요. 못을 안 쓰고 나무와 나무를 끼워서 조립하는 건데요. 못으로 빈틈없이 고정하는 것보다 더 튼튼하답니다. 왜냐하면 나무 사이에 틈을 남겨 놓기 때문이에요. 나무는 습기나 온도에 따라 늘어나기도 하고 줄어들기도 하거든요. 이 틈 덕분에 집이나 가구가 무너지거나 뒤틀리지 않고 오래도록 튼튼할 수 있어요. 우리 사회도 마찬가지랍니다. 관대함이 만드는 틈이 있다면 더욱 튼튼해지겠지요?

단어를 활용해 봐요

관대 寬大
- 마음씨나 태도가 너그러운 것.
- 자신에게 관대하기는 쉽지만, 다른 사람에게 관대하기는 어렵습니다.

관용 寬容
- 너그럽게 덮어 줌.
- 우리 선생님은 작은 실수에 관용을 베푸십니다.

관인대도 寬仁大度
- 너그럽고 어질며 도량이 크다는 뜻의 사자성어.
- 우리 반장은 관인대도하여 친구들에게 인기가 많습니다.

함께 생각해 봐요

① 다음 중 가장 寬한 리더는 누구일지 골라 보세요.

> ① 반에 문제가 생겼을 때, 누가 잘못했는지 하나하나 찾아 잘잘못을 밝히는 리더.

> ② 속상해하는 친구를 위로하며, 다음에 실수하지 않을 수 있는 방법을 함께 찾아보는 리더.

> ③ 오늘 하루에 해야만 하는 일들을 하나하나 정해 주고, 앞장서서 사람들을 이끄는 리더.

ⓒ : 됩앙

② 동물들 사이에도 멋진 리더가 있습니다. 어떤 동물 리더가 어떤 역할을 하는지 찾아서 적어 봅시다.

> 코끼리의 리더는 할머니 코끼리가 맡습니다.
> 먹이가 있고 안전한 곳으로 다른 코끼리들을 이끌어요.
> _____
> _____

다른 존재를 빛나게 하는 방법

: 알 지

지온이는 닭들이 좁은 양계장에서 힘들게 알을 낳는 영상을 보게 되었어요. 그 뒤로 계란프라이를 먹을 수가 없었습니다. 동생 지온이의 아침을 챙겨 주는 가온이는 동생이 반찬 투정을 한다고 넘겨 짚었어요. 지온이의 마음을 알아줬으면 좋았을 텐데 말이에요.

무슨 뜻인지 알아봐요

주위 사람들이 나를 몰라봐 줄 때가 있습니다. 그러면 어찌나 서운한지요. 내 마음이나 상황이 어떤지 알아봐 주기만 한다면 내가 더욱 빛날 수 있을 텐데 말이에요. 하지만 공자는 남이 알아주지 않더라도 서운해하지 말라고 했어요. 남들의 생각을 내가 어찌할 수 없기 때문이래요. 대신 내가 할 수 있는 일도 있어요. 다른 이들이 속상하지 않도록 그들의 마음와 상황을 알아주는 일이랍니다. 위축되는 대신 반짝반짝 빛날 수 있도록 말이에요.

知는 '지'라고 읽고 '알다'라는 뜻이에요. 어떻게 하면 다른 존재를 알아줄 수 있을까요? 정보를 많이 아는 것도 필요하지만, 그보다 더 중요한 것은 아는 것을 안다고 하고 모르는 것을 모른다고 하는 거예요. 누군가와 가까워지면 그에 관해 다 아는 것처럼 느껴질 때가 있지요. 말하지 않아도 다 아는 것 같을 때가요. 그런데 사실은 모르는데 안다고 착각하고 있는 것은 아닐까요? 가온이가 지온이를 다 안다고 생각해서 이유도 묻지 않고 넘겨 짚은 것처럼 말이에요.

우리는 매번 새로운 변화 속에서 살아가요. 내가 아무리 가깝게 지내는 이라 해도, 그의 모든 변화를 알아차릴 수는 없어요. 그래서 우리는 누군가를 다 안다고 말할 수 없답니다. 가까운 사이일수록 내가 모르는 게 있지 않은지 살펴야 해요. 누군가가 나의 마음을 알아주고 살펴 준다면 이해받고 인정받는다는 생각이 들지 않을까요? 그게 바로 知, 앎의 진정한 힘이랍니다.

단어를 활용해 봐요

무지 無知
- 아는 것이 없는 것.
- 자신의 무지를 깨닫는 건 멋진 일입니다.

지혜 知慧
- 경험이 많거나 세상 이치를 잘 알아서 어떤 일을 올바르게 풀어 나가는 힘.
- 나와 가까운 사람들에게서도 배울 수 있는 지혜가 있습니다.

지식 知識
- 연구하거나 배우거나 실제로 겪어서 알게 된 것.
- 학교에서 얻은 지식은 때때로 일상에서 도움이 됩니다.

지자요수 知者樂水
- 지혜로운 사람은 막힘없이 흘러가는 물을 좋아한다는 뜻의 사자성어.
- 시원하게 흐르는 계곡물을 보고 있으면 지자요수라는 사자성어가 떠올라요.

함께 생각해 봐요

1 〈단어를 활용해 봐요〉를 읽고, 다음 문장 속 빈칸에 들어갈 단어를 맞혀 봅시다.

(1) 지온이는 이 문제를 ☐ ☐ 롭게 풀어 나가고 싶습니다.

(2) 가온이는 닭을 잘 알지 못해서, 닭이 사는 환경에 대해서도 ☐ ☐ 합니다.

(3) 지온이와 가온이는 닭에 대한 ☐ ☐ 을 책으로 공부했습니다.

정답: (1) 지혜 (2) 무지 (3) 지식

2 지난 일주일을 돌이켜 봅시다. 잘 모르는데 안다고 착각한 일은 없었나요? 한번 생각해 보고 〈단어를 활용해 봐요〉에서 익힌 '무지'라는 단어를 사용해서 그 내용을 적어 보세요.

어느 날 산책하는 고양이 영상을 봤어요. 그래서 친구에게 우리 고양이도 산책을 시키겠다고 했더니, 친구가 산책을 할 수 있는 고양이는 정말 드물고 그러다가 고양이를 잃어버릴 수도 있다고 했어요. 제가 정말 무지했다는 사실을 깨달았어요.

적극적으로 마음을 표현하는 방법

: 물을 문

고모 집에서 핫초코를 먹으려던 보결이가 컵을 깨뜨렸어요.
고모가 무척 아끼는 컵이라 겁을 먹었는데, 고모는 보결이가 괜찮은지부터 물었답니다.
컵보다 보결이를 살피고 걱정하는 고모의 질문에,
고모가 무엇을 더 중요하게 생각하는지 알 수가 있었어요.

무슨 뜻인지 알아봐요

《논어》에는 공자와 제자들이 나눈 아주 많은 질문과 대답이 실려 있어요. 질문도 대답도 무척 짧지만, 그 안에는 많은 이야기가 담겨 있지요. 어떻게 그게 가능하냐고요? 질문은 단순히 답을 얻으려는 것이 아니라 그 사람의 생각과 태도를 드러내는 적극적인 의사 표현 중 하나이기 때문이랍니다.

그래서 질문은 질문하는 사람이 무엇을 알고 모르는지 보여 주기도 해요. 여러분도 뭔가 모를 때, 무언가에 대해 알고 싶을 때 부모님, 선생님, 혹은 친구에게 물어보곤 하지요? 질문하는 걸 보면 상대를 어떻게 생각하는지도 알 수 있어요. 대답하기 곤란한 질문을 해서 상대를 골탕먹일 수도 있고, 호기심 가득한 질문을 해서 내가 얼마나 상대에게 관심을 갖고 있는지 보여 줄 수도 있답니다.

무엇보다 질문은 질문하는 사람이 중요하게 생각하는 것을 보여 줘요. 한번은 이런 일이 있었어요. 마구간에 불이 났을 때 공자는 말에 대해서는 묻지 않고 사람들이 괜찮냐고 물었다고 해요. 말은 당시에 여러 곳에서 중요한 역할을 맡았어요. 만약 공자가 말에 대해 먼저 물었다면 말을 재산으로만 취급하는 것처럼 보이고, 말의 생명보다 재산을 더 중요하게 여기는 것처럼 보였을 거예요. 공자는 말이 아닌 사람들이 무사한지 물으며, 사람도 아끼고 말의 생명까지도 살필 수 있도록 한 것이지요. 때로 긴급한 상황에서 질문 하나가 어떤 명령보다 큰 힘을 발휘하기도 한답니다. 어때요? 질문은 참 많은 것을 담고 있지요?

단어를 활용해 봐요

문병 問病
- 아픈 사람을 찾아가 위로하는 것.
- 반장이 아파서 친구들과 문병을 가기로 했습니다.

문안 問安
- 웃어른이 잘 지내는지 여쭙는 것. 또는 그런 인사.
- 할머니에게 전화로 문안 인사를 드렸습니다.

질문 質問
- 모르거나 알고 싶은 것을 묻는 것.
- 선생님은 모르는 게 있으면 질문하라고 했습니다.

불치하문 不恥下問
- 잘 모르는 것을 아랫사람에게 물으며 부끄러워하지 않는다는 뜻의 사자성어.
- 삼촌은 불치하문하여 우리 또래의 문화에 관해 자주 물어보십니다.

함께 생각해 봐요

① 問은 門(문 문)과 口(입 구)로 이루어진 한자예요. 문 앞에 직접 가서 물어본다는 것은 마음과 시간을 내는 일이지요. 여러분은 교실, 거실, 식당 등 어디에 가서 누구에게 질문하고 싶나요? 자유롭게 상상해 보고 口를 사용해서 나만의 글자를 만들어 봅시다.

> 나는 학교 급식소에서 매일 고생해서 밥을 만들어 주시는 급식 조리사 선생님들에게 질문하고 싶어요. 국자를 'J'로, 집게를 'V'로 표현해서 'J口V'라는 글자를 만들어 보았어요.

② 〈단어를 활용해 봐요〉를 읽고, 다음 문장 속 빈칸에 들어갈 단어를 맞혀 봅시다.

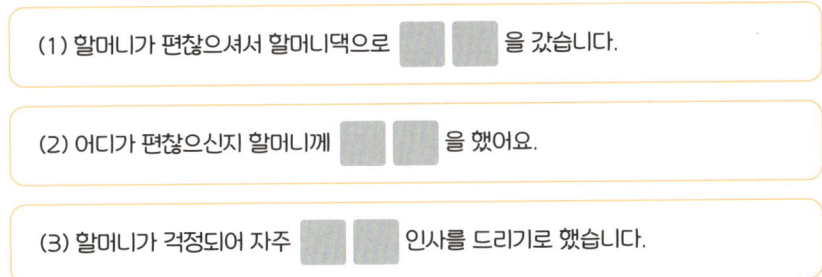

(1) 할머니가 편찮으셔서 할머니댁으로 ☐ ☐ 을 갔습니다.

(2) 어디가 편찮으신지 할머니께 ☐ ☐ 을 했어요.

(3) 할머니가 걱정되어 자주 ☐ ☐ 인사를 드리기로 했습니다.

정답: (1) 문안 (2) 질문 (3) 문안

누구든지 스승으로 삼는 방법

: 스승 사

체험학습에서 해진이는 지각을 했고, 민이는 지도를 보고 길을 찾아냈어요.
해진이와 민이를 보면서 정우는 어떻게 행동하면 좋을지 작은 깨달음을 얻었답니다.
둘 다 정우에게 가르침을 주었으니, 스승과 마찬가지라고 할 수 있어요.

무슨 뜻인지 알아봐요

우리는 멋지거나 못난 이들을 만나곤 합니다. 때로는 그가 너무 빛이 나서 부럽거나, 다퉈서라도 이기고 싶은 마음이 들기도 하고요. 또 때로는 너무 고약해서 한 소리 해 주고 싶거나, 그저 멀리하고 싶기도 합니다. 그러나 마냥 다투거나 멀어지는 것이 정답은 아니에요. 부러움과 화로 인해 괴로운 마음은 다른 사람에게서도 느낄 수 있을 뿐더러, 언제든 또 찾아올 수 있으니까요.

그럴 때는 이 다양한 이들을 나의 스승으로 삼아 보는 게 어떨까요? '스승'을 의미하는 한자는 師라고 쓰고 '사'라고 읽는답니다. 만일 누군가에게서 멋진 점을 보면 '나에게도 그런 면이 있으면 좋겠다' 하고 바라는 거예요. 시험 삼아 그 행동을 따라 해 보는 것도 좋은 방법이겠지요. 만일 못난 점을 봤다면 나는 어떤지, 내게 그런 모습이 있지 않은지 되돌아보고요.

배움은 저절로 일어나는 것이 아니랍니다. 내가 배우겠다고 마음먹을 때 비로소 찾아오는 것이지요. 멋진 이도, 못난 이도 모두 나에게 가르침을 줄 수 있어요. 아니, 거꾸로 말해야겠네요. 내가 누군가의 멋진 점뿐만 아니라 못난 점까지 배우겠다고 마음먹으면 그들은 모두 나의 스승이 됩니다. 그렇게 배울 수 있는 것이 얼마나 많겠어요? 그러면 더 이상 다른 사람들과 겨룰 필요가 없어질 거예요.

단어를 활용해 봐요

교사 教師
- 주로 유치원, 초등학교, 중학교, 고등학교에서 학생을 가르치는 사람.
- 교사는 학교에서 존중을 받을 수 있어야 합니다.

사부 師父
- 남을 가르치는 사람을 옛 말투로 이르는 말.
- 풍물 동아리의 사부님은 악기 연주법뿐만 아니라 삶의 이치도 알려 주셨습니다.

사제 師弟
- 스승과 제자.
- 이번 졸업식은 사제가 함께 시간을 보낼 수 있도록 준비했습니다.

반면교사 反面教師
- 부정적인 면에서 얻는 깨달음이나 가르침을 주는 대상이라는 뜻의 사자성어.
- 내게 못되게 구는 친구를 미워하는 대신 반면교사 삼기로 했습니다.

함께 생각해 봐요

① 우리는 누구든 스승으로 삼을 수 있습니다. 이와 같은 뜻을 가진 師라는 한 자가 필요한 사람이 누구일지 생각해 보고, 그 이유도 적어 봅시다.

> 나의 쌍둥이에게 알려 주고 싶습니다. 비슷한 부분이 많기도 하지만, 여전히 서로 다른 부분이 있을 거예요. 우리 둘이 서로를 스승으로 여긴다면 좀 더 사이가 좋아질 것 같아요.

② 누군가를 스승으로 삼고, 그로부터 무언가 배우는 이를 본 적이 있나요? 사람, 동물, 식물, 곤충, 캐릭터 등이 어떻게 다른 이들을 스승으로 여기는지 적어 봅시다.

> 내 친구 현수는 아이돌이 되는 것이 꿈입니다. 그래서 아이돌 가수의 영상을 보고 열심히 노래를 따라 부르며 배웁니다.

보다 큰 기쁨을 얻는 방법

: 검소할 검

은수는 요즘 유행하는 젤리를 잔뜩 갖게 되었어요.
아껴서 혼자서 다 먹고 싶다는 생각이 들었지만 마음을 바꾸었어요.
혼자 먹는 것보다 함께 나눠 먹는 게 더 행복할 것 같았기 때문이에요.
비록 조금밖에 먹지 못했지만 친구들과 즐거운 시간을 보내서 기분이 좋았습니다.

무슨 뜻인지 알아봐요

자린고비 이야기를 들어 보았는지 모르겠어요. 조선 시대에 조륵이란 사람이 있었대요. 얼마나 재물을 아꼈는지, 밥상 위에 말린 생선을 매달아 두고 쳐다보면서 밥을 먹을 정도였지요. 그런데 사실 이 이야기에는 잘 알려지지 않은 내용이 더 있답니다. 조륵은 손님을 성대하게 대접하고, 흉년이 들었을 때는 사람들에게 창고를 열어 주고, 자기 생일에는 잔치를 열어 마을 사람들을 초대했어요.

검소하다는 말은 남들에게 짜게 군다는 뜻이 아니에요. 조륵은 매일 화려한 밥상을 차릴 수 있을 만큼 여유로웠어요. 그럼에도 혼자서는 검소하게 밥을 차려 먹었습니다. 검소함에는 다른 사람들을 생각하는 마음이 숨어 있답니다. 혼자 만족하는 것보다 다른 사람들과 다 함께 행복한 것이 더 큰 기쁨이 되기 때문이에요. 그러니까 검소한 사람은 사치스럽게 지내는 것보다 다른 이들과 함께 나누는 것이 더 행복하다는 것을 아는 사람이지요.

다른 존재들과 함께 더 큰 기쁨을 누리기 위해서는 눈앞의 만족을 참고 절제할 줄도 알아야 합니다. 쉽지 않은 일이겠지요? 이러한 덕목을 한자로는 儉이라고 쓰고 '검'이라고 읽는답니다. '검소하다'는 뜻이에요. 여러분에게는 아껴서 나눌 만한 것이 있나요? 무엇을 함께 나누고 싶나요? 그러기 위해서는 어떻게 절제하면 좋을까요?

단어를 활용해 봐요

검소 儉素
- 씀씀이가 헤프지 않은 것. 또는 차림새가 수수한 것.
- 검소한 사람은 과시하지 않습니다.

검약 儉約
- 돈이나 물건을 아껴 쓰는 것.
- 이번 달에는 용돈이 부족해서 검약해야겠습니다.

온양공검양 溫良恭儉讓
- 공자가 갖춘 다섯 가지 덕목으로, 온화하고 어질고 공손하고 검소하고 겸양한다는 뜻.
- 온양공검양의 덕목을 가진 사람 주위에는 좋은 사람들이 모여듭니다.

근검절약 勤儉節約
- 부지런하고 알뜰하게 재물을 아낀다는 뜻의 사자성어.
- 근검절약하는 사람은 베풀고 나눌 줄도 압니다.

함께 생각해 봐요

1 다음 중 儉에 적절한 모습은 어떤 모습일까요?

① 부모님에게 용돈을 많이 달라고 해서 반 친구들 모두에게 매일 간식을 사 줍니다.

② 우연히 얻게 된 귀한 물건 중 내게 정말 필요한 것만 남겨 놓고 친구들과 함께 나눕니다.

③ 마음에 드는 볼펜을 문구점에서 잔뜩 구매한 뒤, 아껴 놓고 혼자만 몰래 씁니다.

정답: ②

2 지난 일주일 동안 나는 얼마나 검소했는지 생각해 보고 〈단어를 활용해 봐요〉에서 배운 단어를 사용해서 그 내용을 적어 보세요.

> 새 노트가 갖고 싶었지만, 집에 있는 노트를 마저 다 쓰기로 했어요. 검약한다면 돈을 아끼고, 함부로 종이를 낭비하지 않아 나무도 지킬 수 있기 때문이에요.

화를 다루는 방법

: 성낼 노

추워서 몸을 덜덜 떠는 다빈이에게 옆 테이블에 있던 아이가 짜증을 냈어요.
놀란 다빈이는 함께 온 친구에게 괜히 화를 내버렸답니다.
애먼 친구는 다빈이에게 화풀이를 당하고 기분이 나빠졌어요.

무슨 뜻인지 알아봐요

怒는 '성내다'라는 뜻이고 '노'라고 읽어요. 누군가 내게 화를 낸 일 때문에 오래도록 기분이 안 좋았던 적이 있을 거예요. 화가 너무 나면 때로 몸이 덜덜 떨리기도 해요. 생각해 볼 틈 없이 곧바로 말이나 행동이 튀어 나가기도 하고요. 그럴 때면 내가 화를 내는 것이 아니라, 화가 나를 조종하는 것 같기도 하지요. 격렬하게 요동치는 마음은 결국 옆 사람에게까지 옮아가기 마련이랍니다. 다빈이의 화 때문에 친구까지 기분이 엉망이 된 것처럼요. 그러니까 분노가 나를 집어삼키게 두어서는 안 되겠지요.

그러나 부당한 일을 겪거나 보았을 때는 분노할 줄도 알아야 해요. 마치 좋은 일을 봤을 때 기뻐하는 것처럼 말이에요. 분노해야 할 상황에서 침묵한다면, 부당한 일은 계속해서 반복될 거예요. 잘못은 고쳐지지 않을 거고요.

공자도, 공자의 모범생 제자 안회도 모두 화를 냈어요. 이때 중요한 것은 '언제 어떻게 화를 내느냐'예요. 멋진 사람들은 화를 내면서도 그 감정에 사로잡히거나, 그것 때문에 괴로워하지 않아요. 자기도 모르는 사이에 못된 말이나 행동을 하지도 않고요. 상황에 맞게 분노하기는 하지만, 마음속으로 분노와 살짝 거리를 두는 것이지요. 그렇게 한다면 자기가 느끼는 화를 다른 사람에게로 옮기지 않을 수 있답니다. 어때요, 화를 내면서도 얼마든지 멋진 사람이 될 수 있겠지요?

단어를 활용해 봐요

격노 激怒
- 화가 북받쳐 몹시 성을 내는 것.
- 격노한 동생의 얼굴이 시뻘게졌습니다.

분노 憤怒/忿怒
- 몹시 성내는 것.
- 숨을 깊게 쉬며 분노를 가라앉혔습니다.

불천노 不遷怒
- 화를 다른 사람에게 옮기지 아니함.
- 불천노하지 않기 위해서 마음을 가다듬었습니다.

노발대발 怒發大發
- 몹시 노하여 펄펄 뛰며 성을 낸다는 뜻의 사자성어.
- 이야기가 미처 끝나기도 전에 노발대발하였습니다.

함께 생각해 봐요

1. 최근에 분노했을 때를 떠올려 봐요. 어떻게 화를 냈나요? 못된 말이나 행동을 하지 않았는지 살펴보세요.

   어제 부모님께 혼이 나고, 화가 나서 방문을 쾅 닫아 버렸어요.
   분노와 거리를 두지 못한 것 같아요.

2. 다빈이에게 어떤 이야기를 해 줄 수 있을까요? 怒의 의미를 생각하며 다빈이에게 두 줄 편지를 써 봅시다.

   다빈아, 모르는 아이가 갑자기 짜증을 내서 당황했겠다.
   어쩌면 네가 분노해야 했던 사람은 친구가 아니라 그 사람이었을지도 몰라.

멋진 얼굴을 갖는 방법

: 얼굴 안

채진이는 요새 외모를 열심히 꾸미고 있어요.
친구들의 얼굴도 자세히 살펴보고 있고요. 그런데 학원에서 본 친구에게 자꾸 눈길이 가요.
그 친구는 열심히 꾸미지도 않고 이목구비가 크지도 않은데, 볼 때마다 멋져 보이지 뭐예요.
무슨 특별한 비법이라도 있는 건지 무척 궁금해졌어요.

무슨 뜻인지 알아봐요

顔은 '얼굴'을 뜻하는 한자예요. '안'이라고 읽지요. 혹시 '외모지상주의'가 심해지고 있다는 말을 들어 본 적 있나요? 아무리 외모가 중요해졌다 한들, 얼굴은 '예쁘다' '못생겼다'는 말로는 다 설명할 수 없답니다. 얼굴에는 그보다 더 큰 의미가 있어요. 누군가와 친구가 되고 싶다면 얼굴을 마주해야 하지요. 누군가의 기분이나 생각이 궁금할 때도 마찬가지고요. 얼굴을 마주할 수 없다면, 적이 되었다는 뜻이거나 가닿을 수 없는 거리가 생겼다는 뜻이에요.

화장이나 성형과는 상관없이, 우리는 매번 어떤 얼굴을 띠게 된답니다. 누군가를 마주했을 때 근육의 움직임, 혈색, 눈망울의 밝기 같은 것들이 계속 변하지요. 나도 모르는 사이에 얼굴이 벌게져서 당황한 적이 있지 않나요? 창백해져서 주변 사람들이 걱정해 준 적은요? 어떤 때는 마음이 얼굴에 드러나기도 하고, 또 어떤 때는 거꾸로 얼굴이 마음에 비추어지기도 하지요.

외모를 곱게 꾸미는 것보다 상황에 따라 나의 마음과 얼굴빛을 가다듬는 게 더 중요해요. 슬픈 상황에서는 슬픈 마음과 얼굴로 다른 이들과 마주할 필요가 있겠지요. 축하할 일이 있을 때는 기쁜 마음을 담아 활짝 웃으며 만나면 좋을 테고요. 우리가 그렇게 서로를 마주할 수 있다면 슬픔은 함께 감당할 수 있고, 기쁨은 널리 나눌 수 있을 거예요. 마주하는 것만으로도 다른 사람에게 감동을 주는 얼굴이 진짜 멋진 얼굴이 아닐까요?

단어를 활용해 봐요

안면 顔面
- 얼굴.
- 할아버지의 안면에 부드러운 미소가 떠올랐습니다.

안색 顔色
- 얼굴빛.
- 언니는 갖고 싶었던 것을 생일 선물로 받자 기쁜 안색을 숨기지 못했습니다.

동안 童顔
- 제 나이보다 어리게 보이는 얼굴.
- 사촌 형은 스무 살이지만, 십 대처럼 보이는 동안입니다.

후안무치 厚顔無恥
- 얼굴이 두꺼워 뻔뻔하고 부끄러움이 없다는 뜻의 사자성어.
- 후안무치한 사람은 얼굴빛에도 뻔뻔함이 가득합니다.

함께 생각해 봐요

1 顔이라는 한자를 누구에게 알려 주고 싶은지 생각해 봅시다. 그 이유도 적어 보세요.

> 한창 외모 가꾸기에 바쁜 오빠에게 소개해 주고 싶습니다.
> 멋진 얼굴은 여드름의 개수로 결정되는 게 아니라는 걸 알려 주고 싶어요.
> _____
> _____

2 감동을 주는 멋진 얼굴을 본 적이 있나요? 사람, 동물, 식물, 곤충, 캐릭터 등 어떤 얼굴에 감동을 받았는지 적어 봅시다.

> 식당에 따라 들어온 안내견의 얼굴에 감동을 받은 적이 있습니다.
> 너무나 사려 깊고 총명한 얼굴로 주위를 둘러보고 있었어요.
> _____
> _____

따라 써 봐요

《논어》 한마디

子曰 三人行必有我師焉
자왈 삼인행필유아사언

擇其善者而從之　其不善者而改之
택기선자이종지　기불선자이개지

"공자가 말했다. '세 사람이 길을 감에 반드시 나의 스승이 있으니, 그중에 선한 자를 가려서 따르고, 선하지 못한 자를 가려서 잘못을 고쳐야 한다.'"
―《논어》,〈술이述而〉 21

孝 [효도 효]	孝	孝			

부수 子(아들자)　총획수 7획　一 十 土 耂 耂 孝 孝

友 [친구 우]	友	友			

부수 又(또우)　총획수 4획　ノ ナ 方 友

敬 [공경 경]	敬	敬			
부수 攵(등글월문2) 총획수 13획	一 十 艹 岁 苎 苟 苟 苟 苟 敬 敬				

寬 [너그러울 관]	寬	寬			
부수 宀(갓머리) 총획수 15획	丶 宀 宀 宀 宀 宀 宀 宀 宀 宀 宀 寬 寬				

知 [알 지]	知	知			
부수 矢(화살시) 총획수 8획	丿 上 仁 午 矢 矢 知 知				

問 [물을 문]	問	問			
부수 口(입구) 총획수 11획	丨 冂 冂 冂 冂 門 門 門 問 問 問				

師 [스승 사]	師	師			
부수 巾 (수건건) 총획수 10획	´ ⌒ ⌒ ⌒ ⌒ ⌒ 自 自 自 師 師				

儉 [검소할 검]	儉	儉			
부수 亻(사람인변) 총획수 15획	ノ 亻 亻 亻 伫 伫 俭 俭 俭 俭 俭 儉 儉 儉 儉				

怒 [성낼 노]	怒	怒			
부수 心 (마음심) 총획수 9획	ㄥ ㄠ 女 如 奴 奴 怒 怒 怒				

顔 [얼굴 안]	顔	顔			
부수 頁 (머리혈) 총획수 18획	丶 亠 亠 立 产 产 产 彥 彥 彥 顔 顔 顔 顔 顔 顔 顔 顔				

자유롭게 한자를 연습해 보세요

3

좋은 태도 갖추기

우리는 사회에서 많은 사람을 만납니다. 그리고 다양한 상황에 놓이기도 하지요.
학교 선생님, 식당 직원… 우리는 이들을 만날 때 어떤 자세로 대해야 할까요?

밥 먹여 주는 신뢰

· 믿을 신

이율이는 친구들에게 신뢰받고 싶어서 매번 일을 도맡으려고 했어요.
이번에도 친구들을 위해 어려운 일을 맡았어요. 자신만 믿으라고 큰소리치면서요.
하지만 말만 해 놓고 제대로 하지 못했어요. 다 함께 곤란해지고 말았네요.

무슨 뜻인지 알아봐요

여러분은 식당에서 식사할 때 안전하다고 어떻게 확신하나요? 왜 음식에 독이나 바늘이 들어 있다고 의심하지 않나요? 아마도 신뢰가 있기 때문일 겁니다. '확신'과 '신뢰'에 공통으로 들어가는 한자가 바로 信이에요. '믿다'라는 뜻이고 '신'이라고 읽지요. 우리는 서로를 신뢰하지 않으면 함께 살 수 없어요. 언제 누가 나를 배신할지, 어떻게 죽임을 당할지 모른다고 생각하면 아무것도 먹을 수 없고 어디에도 갈 수 없겠지요.

하지만 슬프게도 종종 믿음이 깨지는 일이 발생하기도 해요. 이웃끼리나 친구 사이에서도, 가족 안에서도 그런 일이 벌어질 수 있어요. 공자의 제자 재여는 번드르르한 말로 둘러대고, 할 일을 하지 않은 채로 낮잠을 즐겨 잤던 모양이에요. 공자가 그에게 어찌나 크게 실망했던지, 글쎄 '썩은 나무' 같다고 했답니다. 어디에서도 제 역할을 할 수 없으리라고 크게 나무란 것이지요. 공자는 그 뒤로 제자들의 말을 곧이곧대로 믿지 않게 되었다고 해요.

신뢰는 한번 무너지면 돌이키기가 어려워요. 당장의 상황을 모면하기 위해서 거짓말을 한다면 나중에 신뢰를 잃겠지요. 2014년에 세월호라는 커다란 배가 침몰되었는데요. 정치인들이 말로만 둘러대고 책임을 지지 않으려고 해서 많은 사람이 죽었는데도 침몰 이유조차 알 수 없었어요. 결국 정부는 사람들에게 신뢰를 잃고 말았지요. 말만 번지르르하게 하는 것이 아니라 지킬 수 있는 말을 해야 신뢰를 잃지 않을 수 있답니다.

단어를 활용해 봐요

확신 確信
- 굳게 믿음.
- 다른 사람을 돕는 행동이 이 세계를 아름답게 만들 것이라는 확신이 있습니다.

신념 信念
- 굳게 믿는 마음.
- 신념을 지킬 수 있다면 힘든 일도 마다하지 않을 것입니다.

자신 自信
- 어떤 일을 할 수 있다고 스스로 믿는 것.
- 언니는 이번 시합에서 이길 것이라고 자신했습니다.

붕우유신 朋友有信
- 친구 사이의 도리는 믿음에 있다는 뜻의 사자성어.
- 약속을 지키고 비밀을 지켜 주는 것이야말로 붕우유신의 시작입니다.

함께 생각해 봐요

1. 〈단어를 활용해 봐요〉를 읽고, 다음 문장 속 빈칸에 들어갈 단어를 맞혀 봅시다.

   (1) 가능하면 음식을 남기지 않겠다는 ☐☐을 세웠습니다.

   (2) 나는 그 일을 해낼 수 있다고 ☐☐합니다.

   정답: (1) 신념 (2) 자신

2. 누군가를 신뢰하게 되었던 적이 있나요? 어떻게 신뢰하게 되었는지 信이 들어가는 단어를 사용해 적어 봅시다.

   > 친구가 대전 여행을 가면서 유명한 빵을 사다 주겠다고 약속했어요. 하지만 며칠 뒤, 빵집에 가지 못했다며 미안해했어요. 솔직하게 이야기해 준 친구를 더 신뢰하게 되었어요.
   >
   > _____
   >
   > _____

마음을 주고받는 예의

: 예 예

동생이 은현이에게 실없는 소리를 마구 늘어놓았어요.
은현이는 동생과 재밌게 놀고 싶어서 게임을 같이 하자고 가볍게 제안했는데,
동생이 갑자기 울음을 터뜨렸어요. 어떻게 된 일일까요?
서로 예의를 지키지 않아서 소통이 안 된 것은 아닐까요?

무슨 뜻인지 알아봐요

신생아는 하루에도 수십 차례 큰 소리로 웁니다. 배가 고플 때도, 쉬나 똥을 쌌을 때도, 졸릴 때도 울지요. 조금 더 커서 어린이가 되면 말로 의사 표현하는 연습을 하게 돼요. 초등학교에 가면 구체적인 생각을 말할 수 있게 되고요. 하지만 말을 할 수 있게 되어도 억울하고 서운한 일은 여전히 일어나요. 말로는 다 표현할 수가 없어서 답답한 일이 생기기도 하고요.

직설적으로 말하면 의사소통이 잘될 것 같다고요? 말이 모든 것을 전달해 줄 것 같지만 사실은 그렇지 않답니다. 상황을 더 복잡하게 만드는 경우도 많아요. 같은 말이라도 상황과 사람에 따라 다르게 받아들이기 때문이지요. 내 마음을 잘 전달하기 위해서는 상대방도 존중할 수 있어야 하고, 상황도 고려할 수 있어야 해요. 그런 구체적인 행동을 바로 禮라고 한답니다. '예절' '예의'라는 낱말에 사용하는 한자로 '예'라고 읽지요.

어떻게 하면 예의를 지킬 수 있을까요? 전통에 따라 아침에 일어나서 종종걸음으로 부모님께 문안인사를 가야 할까요? 아니요, 禮는 시대에 맞게 새롭게 만들어져야 한답니다. 시대에 따라 감각이 달라지고, 그에 맞춰서 행동하는 방법이 계속 달라지기 때문이지요. 지금 우리가 아침에

"안녕히 주무셨어요?" 하고 가볍게 인사하거나 뽀뽀를 하는 것처럼 말이에요. 우리에게 서로의 마음을 전달할 수 있는 禮가 충분한 것 같나요? 만약 아니라면 어떤 禮를 새롭게 만들어 볼 수 있을까요?

단어를 활용해 봐요

예의 禮儀
- 마땅히 지켜야 할 바른 마음가짐과 몸가짐.
- 다른 사람을 존중하기 위해서 예의를 지켜요.

예절 禮節
- 남을 대하거나 어떤 일을 할 때 갖추어야 할 바른 태도와 절차.
- 예절을 배우고 익혀야 합니다.

실례 失禮
- 예의에 어긋나는 것.
- 밤늦게 소리 지르는 일은 실례입니다.

극기복례 克己復禮
- 자기의 욕심을 누르고 예의범절을 따른다는 뜻의 사자성어.
- 선생님의 말씀을 듣고 화가 났지만, 극기복례하여 조심스럽게 의견을 말했습니다.

함께 생각해 봐요

1 〈단어를 활용해 봐요〉를 읽고, 다음 문장 속 빈칸에 들어갈 단어를 맞혀 봅시다.

(1) 제가 괜한 말을 했네요. ▢▢ 했습니다.

(2) ▢▢를 갖춰서 선생님께 인사했습니다.

정답: (1) 실례 (2) 예의

2 다음 중 禮가 지켜진 상황은 어느 것일까요?

① 동생은 형의 기분이 안 좋아 보여서 기분을 풀어 주려고 형이 게임을 하는데 자꾸 말을 걸었습니다.

② 은현이가 자신과 같이 놀고 싶어 하는 동생에게 퉁명스럽게 게임을 제안했습니다.

③ 동생과 형은 서로 오해한 것을 솔직하게 털어놓고 잘못을 사과했습니다.

정답: ③

각자의 역할을 지키는 마디

: 마디 절

보람이의 선생님은 친절하게 아이들에게 많은 생활 습관을 알려 주세요.
하지만 자주 덤벙거리셔서 때때로 보람이보다 암기를 더 못하실 때도 있어요.
보람이는 자기보다 지식이 부족한 선생님을 선생님으로 생각해야 할지 고민이에요.

무슨 뜻인지 알아봐요

節은 대나무의 '마디'를 뜻해요. '절'이라고 읽지요. 대나무의 마디는 대나무가 쉽게 쓰러지지 않게 해 주고, 물과 영양분을 나눠 주고, 새 잎이 자라게 해 준답니다.

우리의 일상생활에도 마디가 필요해요. 마디는 무언가를 구분하는 역할을 하지요. 만약 마디가 없다면 어디서부터 시작해서, 무엇을 어떻게 해야 할지 헷갈릴 거예요. 1년을 열두 달이나 이십사절기로 구분하지 않는다면 언제 어떤 옷을 입어야 할지 아리송하겠지요. 음악에서 음정을 나누지 않는다면 같은 곡을 함께 연주하기도 어려울 거고요. 또 사회에서 서로 역할을 나누지 않는다면 큰 혼란이 생길 거예요.

하지만 구분한다는 게 못난 사람과 잘난 사람을 나눈다는 말은 아니에요. 예를 들어, 학교에는 학생이 있고, 과목 선생님, 수위 선생님, 영양사 선생님이 계시지요? 그렇다고 해서 선생님이 더 유식하거나, 더 귀한 게 아니에요. 학생이 선생님보다 덜 귀한 것도 아니고요. 학생이 없으면 선생님도 있을 수 없고, 선생님이 없으면 학생도 배울 수 없어요.

선생님에게는 학생이, 학생에게는 선생님이 필요해요. 그러니 서로가 서로의 역할을 존중하고 인정할 필요가 있겠지요. 그럴 수 있다면 마디가 대나무를 튼튼하게 해 주듯, 우리들도 더 튼튼해질 거랍니다.

단어를 활용해 봐요

절기 節氣
- 한 해를 스물넷으로 나눈 것.
- 오늘은 이십사절기 중 봄이 시작되는 입춘입니다.

절제 節制
- 정도가 지나치지 않게 조심하거나 삼가는 것.
- 혼자서 절제하기 어렵다면 주변에 도움을 요청하는 것도 좋은 방법입니다.

절차 節次
- 어떤 일을 하는 차례.
- 절차를 잘못 알려 준 탓에 사람들이 혼란스러워했습니다.

예의범절 禮儀凡節
- 남을 대하거나 어떤 일을 할 때 갖추어야 할 바른 태도와 절차라는 뜻의 사자성어.
- 예의범절을 잘 따른다며 칭찬을 받았습니다.

함께 생각해 봐요

1. 〈단어를 활용해 봐요〉에서 익혔던 단어와 어울리는 상황을 연결해 봅시다.

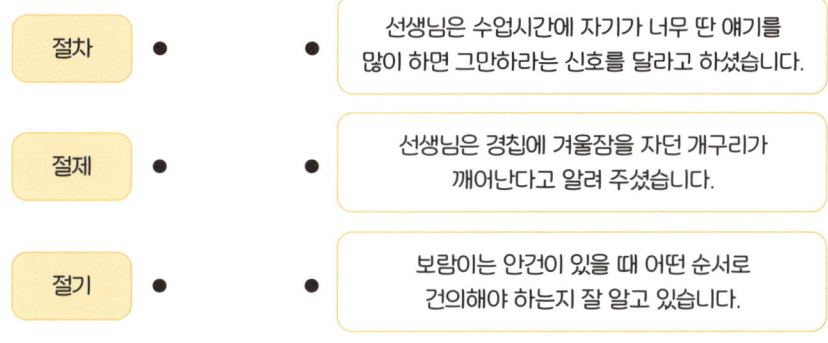

정답:

2. 다음 중 節과 어울리는 일기의 주인공을 찾아보세요.

① 태권도장의 사부님과 겨루기를 했다. 어쩌다 보니까 내가 이겨 버렸다. 나보다 힘이 약한 사부님이라니! 앞으로는 수업 시간에 혼자 연습하는 게 낫겠다.

② 새로 등록한 수영장의 선생님이 나보다 더 느리다. 내가 어린이 수영선수 출신이라서 그런가 보다. 그래도 혼자서는 할 수 없는 훈련을 시켜 주실 테니, 기대가 된다.

③ 오늘 영양사 선생님이 '이달의 식단'을 나눠 주셨다. 그런데 내가 싫어하는 음식이 식단표에 너무 많다. 내일 쉬는 시간에 영양사 선생님께 따지러 가야겠다.

정답: ⓒ

감사한 몸가짐을 담는 공손

: 공손할 공

학교에 새 친구가 전학을 왔어요. 그 친구는 교실에 조심스럽게 들어와서는 겸손하고 따뜻하게 반 친구들에게 인사를 했지요. 그 모습을 보자 재희는 마음이 좋아졌어요. 전학 온 친구가 우리 반 친구들에게 마음을 열어 주었기 때문은 아닐까요?

무슨 뜻인지 알아봐요

혹시 이런 생각을 해 본 적 있나요? '우리는 왜 이렇게 다를까?' '사람들이 다 나와 똑같다면 편하지 않을까?' 하지만 실제로는 그렇지 않을 거예요. 왜냐하면 세상에 똑같은 사람만 있다면 서로가 구별되지 않거든요. 그럼 서로를 알아보지도 못하고 '나'도 '너'도 없어지겠지요. '나'라는 존재는 나와 다른 '너'들 덕분에 분명해져요.

이렇게 "너 덕분에 내가 있다"는 사실을 떠올리며 살아가는 사람의 몸가짐을 보여 주는 한자가 있어요. '공'이라고 읽고 '공손하다'라는 뜻을 가진 한자 恭이랍니다. 내가 나 혼자만으로는 존재할 수 없고, 언제나 '너' 덕분에 '나'가 있다는 마음을 보여 주는 글자이지요.

恭은 앞서 배웠던 敬과 함께 '공경(恭敬)'이라는 단어에 쓰여요. 그렇다면 恭과 敬은 어떻게 다를까요? 경은 상대를 존중하는 마음이에요. 쉽게 말해, 내 마음속에 '너'의 자리를 마련하는 거예요. 恭은 '너'에게 내 마음을 드러내는 거예요. '나는 네 덕에 존재해'라고 표현하는 것이지요. 그래서 공손한 사람은 늘 자신을 낮추고, 혹시라도 '너'를 무시하거나 따돌리지 않으려고 조심한답니다.

공손한 태도는 내가 다른 사람보다 부족하기 때문에 나타나는 태도가 아니에요. 스포츠 경기가 끝난 선수들의 모습이 어떻던가요? 멋진 선수들은 승패와 상관없이 서로 공손하게 인사하거나, 서로를 향해 엄지를 들어 주기도 하지요. '네 덕분에 좋은 경기를 할 수 있었어'라는 뜻을 전하는 선수는 얼마나 빛나던가요. 우리도 친구, 가족, 선생님 앞에서 공손한 몸가짐으로 고마운 마음을 표현해 보면 어떨까요? 그때 우리는 더 멋지고 빛나는 사람이 될 수 있답니다.

단어를 활용해 봐요

공손 恭遜
- 공경하고 겸손한 태도가 용모나 동작에 나타남.
- 할머니가 건네주시는 물건을 두 손으로 공손히 받았습니다.

모사필공 貌思必恭
- 평소에 몸가짐을 반드시 공손하게 할 것을 생각한다는 뜻의 사자성어.
- 활기찬 사람이 모사필공하면 더욱 멋져 보입니다.

진퇴필공 進退必恭
- 부모님과 함께 있을 때는 나아가고 물러가기를 공손하게 해야 한다는 뜻의 사자성어.
- 진퇴필공하기 위해 집 안에서는 뛰어다니지 않았습니다.

함께 생각해 봐요

1) 왜 재희는 전학 온 친구를 보며 마음이 따뜻해졌을까요? 恭의 의미를 생각하며 재희의 마음을 떠올려 봅시다.

> 새로 전학 온 친구는 반 친구 모두에게 공손하게 자기 소개를 했어요.
> 반 친구를 받아들이고 존중하는 마음 때문에 마음이 따뜻해졌을 거예요.

2) 새로운 친구를 사귈 때, 恭한 사람은 겸손하게 상대를 인정하면서도 따뜻하게 인사하지요. 새로운 친구를 만난다고 상상해 봅시다. 어떻게 인사하고 싶나요?

> 두 눈을 마주보고 따뜻하게 웃으며 이름을 불러 주고 싶습니다.

한눈팔지 않는 의리

: 의의

도연이는 친구들과 놀이공원에 가서 함께 쓸 돈을 모았습니다.
즐겁게 놀고 온 뒤 돈이 남았다는 것을 알게 되었지요.
이 돈을 돌려주지 않아도 친구들은 모를 것 같은데, 도연이는 어떤 선택을 해야 할까요?

무슨 뜻인지 알아봐요

'의적'이나 '의병'에 관해 들어 본 적이 있나요? 탐관오리나 일본 제국 등이 만행을 저지르던 시기에, 사람들을 위해 의로운 일을 하려고 모인 이들을 말해요. 두 단어에 모두 사용된 '의'는 義라고 쓴답니다. 의롭다는 건 상황에 맞는 일, 그러니까 마땅한 일을 하는 거예요. 그런데 의적, 의병이라고 하니 의롭다는 것이 어렵게 느껴질지도 모르겠어요. 그러나 사실 義가 필요한 순간은 우리 일상에서도 찾아볼 수 있답니다.

예를 들어 볼까요? 친구와 만나서 놀기로 약속했는데, 재미있는 온라인 게임 이벤트가 시작된 거예요. 친구와의 약속을 취소하고 게임을 하고 싶다는 생각이 들 수도 있겠죠. 또는 친구들과 모래성을 쌓고 있었는데, 모두 집에 돌아갈 때가 되었어요. 그런데 나는 지금 이 성을 완성시키고 싶어요. 그래서 친구들이 집에 가지 못하게 붙들고 싶은 마음이 들 수도 있을 거예요.

도연이처럼 친구들과 함께 모은 돈을 꿀꺽하고 싶을 수도 있어요. 하고 싶고, 가지고 싶은 게 분명할수록 한눈 팔기가 쉬워져요. 그럼 상황을 제대로 보지 못하게 되고, 해야 할 일을 하지 못하게 된답니다. 그럴 때 義를 떠올려 봐요. 한눈 팔지 않을 수 있도록 말이에요. 의

적과 의병이 탐관오리와 일본 제국에 맞설 때도 마찬가지였을 거예요. 의로움이란 결국 커다란 목적을 이루기 위해서 움직이는 것이 아니라, 삶 속에서 마땅히 해야 할 일을 찾는 거랍니다.

단어를 활용해 봐요

의리 義理
- 사람 사이에 마땅히 지켜야 할 도리. 또는 그런 도리를 지키려는 마음.
- 그 사람이 의리를 안다면 약속을 어기지 않을 겁니다.

의무 義務
- 마땅히 해야 할 일.
- 내게는 그 약속을 꼭 지켜야 할 의무가 있습니다.

의적 義賊
- 탐관오리의 재물을 훔쳐다가 어려운 사람을 도와주는 의로운 도적.
- 〈홍길동전〉은 널리 알려진 의적 소설입니다.

견리사의 見利思義
- 이익이 될 만한 것을 보면 의로운 것인지부터 생각해야 한다는 뜻의 사자성어.
- 도연이가 견리사의한다면 친구들에게 돈을 돌려줄 겁니다.

함께 생각해 봐요

1. 마땅히 해야 할 일이라는 뜻의 **義**라는 한자를 누구에게 알려 주고 싶나요? 그 이유도 적어 봅시다.

> 축구를 할 때 항상 심판을 봐주는 친구에게 알려 주고 싶습니다. 경쟁 팀 사이에서 눈치가 보이고 힘들 수도 있겠지만, 심판 역할을 멋지게 잘하고 있다고 응원하고 싶어요.

2. 도연이에게 어떤 이야기를 해 줄 수 있을까요? **義**의 의미를 생각하며 도연이에게 두 줄 편지를 써 봅시다.

> 도연아, 그 음반을 꼭 가지고 싶었나 보구나. 하지만 그 돈은 네 돈이 아니고, 모두 함께 즐겁게 놀 때 사용하자고 모은 돈이라는 것을 다시 생각해 보면 어떨까?

날래게 행동하는 용기

: 날랠 용

전학을 온 친구 수현이는 다리를 절뚝여요.
엘리베이터가 어디에 있는지 알려 줄까 고민하다가, 그러지 못했어요.
새로운 친구에게 말을 걸었다가 친구들과 멀어질까 봐 걱정이 되었거든요.
하지만 힘들어하는 수현이의 얼굴이 자꾸 떠올랐어요. 내일은 용기를 내서 꼭 알려 주려고 합니다.

무슨 뜻인지 알아봐요

'용감' '용기' '용맹'에 사용하는 한자인 勇은 '용'이라고 읽고, '날래다'는 뜻을 가지고 있어요. 머뭇거리거나 주저하지 않고, 기운차게 행동하는 모습이지요. 씩씩하고 힘차 보이기도 해요. 하지만 날래게 행동한다고 해서 무조건 용감하다고 말할 수는 없어요. 경우에 따라서 멋진 사람이 될 수도 있고, 큰 실수를 하는 사람이 될 수도 있거든요.

그저 무모하게 도전한다면 위험해질 수 있어요. 주변은 준비가 되지 않았는데 혼자 무턱대고 나아간다면 모두가 곤경에 빠질 수 있겠죠. 맛있는 급식이 나왔다고 수업이 끝나기도 전에 달려가면 어떻게 될까요? 먼저 먹겠다고 너도나도 뛰어나와 누군가 다칠 수도 있어요. 또 갖고 싶은 물건이 있다고 곧바로 주머니에 넣는다면 어떻게 될까요? 도둑으로 몰려서 곤란해지겠지요.

그렇다면 어떤 때 날래게 행동해야 용감하다고 할 수 있을까요? 공자는 이런 말을 했답니다. "의로운 일이 무엇인지 눈치를 채고도 하지 않는다면 용기가 없는 것이다." 의로운 일을 보고서 망설이지 않고 날쌔게 행동할 수 있다면 용감한 사람이라고, 용기가 있다고 말할 수 있을 거예요. 그러니까 용감하기 위해서는 첫째로 무엇이 의로운 일인지 알아야 하고요. 둘째로는 그런 상황에서 망설임 없이 행동할 수 있어야 해요. 우리도 의로운 일을 보면 날래게 행동할 수 있는 사람이 되어 볼까요?

단어를 활용해 봐요

용감 勇敢
- 용감하고 씩씩한 것.
- 모두 머뭇거리고 있을 때, 내가 용감하게 앞으로 나섰습니다.

용기 勇氣
- 두려움을 모르는 씩씩하고 굳센 마음.
- 형이 멀리서 응원해 주는 모습을 보니 용기가 막 솟아납니다.

용맹 勇猛
- 용감하고 사납고 씩씩한 것.
- 농구부 주장은 그 누구보다 용맹하게 경기를 이끌었습니다.

견의용위 見義勇爲
- 의로운 일을 보면 날래게 움직이라는 뜻의 사자성어.
- 나는 견의용위하는 사람이 되고 싶어요.

함께 생각해 봐요

1 勇은 무거운 종을 들어 올리는 모양의 한자입니다. 원래 勇은 힘이 세고 사나운 사람을 의미했기 때문이에요. 하지만 공자는 의로운 일을 보고 날쌔게 행동하는 것이 勇이라고 했답니다. 공자의 뜻에 맞게 勇을 표현하는 나만의 글자를 만들어 봅시다.

> 작고 동그란 ○ 모양의 글자로 만들래요. 재빠르고 날쌔게 굴러가는 모습이에요.

2 다음 중 勇하지 않은 사람은 누구인가요?

① 엘리베이터 설치를 요구하는 장애인들의 시위 장면을 보고 있었어요. 가까이 다가가서 힘내시라고 말씀드렸어요.

② 주빈이는 지하철 계단에서 몰래 남을 촬영하는 사람을 보았어요. 순간 당황했지만, 정신을 차리고 재빠르게 지하철 직원을 찾아가 도움을 청했습니다.

③ 해온이는 선민이가 친구들 무리에게서 은근히 따돌림당하고 있다는 사실을 알게 되었어요. 선민이와도, 친구들과도 어색해지고 싶지 않아서 모르는 척 가만히 있기로 했습니다.

ⓒ : 답정

긍지를 높이는 경쟁

: 겨룰 쟁

학교에서 시 암송 대회가 열렸어요.
모두 저마다 즐겁게 자기만의 방식으로 암송을 했습니다.
모두 1등을 할 수는 없지만, 열심히 준비해 와서 다 함께 재미있게 겨루었답니다.

무슨 뜻인지 알아봐요

'쟁'이라고 읽는 爭은 '겨루다'라는 뜻이에요. 승부를 가리는 것이지요. 살아남으려면 싸움에서 이겨야 한다는 말을 들어 본 적 있나요? 사실은 그렇지 않답니다. 인간은 이기고 지는 싸움이 아니라 무리를 이루며 서로에게 배우고, 서로를 보듬으면서 생존해 왔거든요. 다른 사람을 이기지 않더라도, 우리는 우리 존재에 대한 자긍심을 갖고 행복하게 살 수 있어요.

그렇기 때문에 승리에만 매달리지 않는다면 경쟁 역시 우리의 긍지를 높여 줄 수 있답니다. 과거에는 활을 쏠 때 과녁 정중앙에 맞히는 걸 꼭 최고로 치지 않았대요. 지난번 겨루기에서 3점을 맞혔는데 이번에는 4점을 맞혔다면, 또는 유달리 거센 바람을 뚫고 1점이라도 맞혔다면 "와, 최고다!" 하고 말할 수 있는 거죠. 사람마다 각자 가진 장점이 다 다르고, 겨루는 상황도 시시각각 달라지니까요.

"상대를 알고 나를 알면 이길 수 있다"라는 말을 들어 봤을 거예요. 겨루기 위해서는 서로를 많이 살피고 이해할 수 있어야 하지요. 그러니까 이기는 데에만 매달리지 않고 규칙을 잘 지킨다면 경쟁은 서로에 대해서도 더 잘 알 수 있는 기회가 될 수 있어요. "우리 잘 싸웠다!" 하고 서로를 향해 박수 칠 수 있다면 얼마나 뿌듯할까요? 이겨도 즐겁고 져도 즐거운 것이 마치 우리의 전통놀이처럼 느껴지기도 하네요. 놀이의 고수도 재밌고 깍두기도 즐겁고, 다 끝난 뒤엔 누가 이겼는지도 잊어버린 채 내일 또 놀자며 신나게 집으로 뛰어가는 것처럼 말이에요.

단어를 활용해 봐요

경쟁 競爭
- 서로 겨루는 것.
- 우리 형제는 서로 다른 팀으로 들어가서 경쟁하게 되었습니다.

논쟁 論爭
- 서로 다른 의견을 가진 사람들이 말이나 글로 논하여 다툼.
- 친구들의 논쟁은 시간이 갈수록 격렬해졌습니다.

쟁취 爭取
- 힘들게 싸워서 바라던 바를 얻음.
- 쉬는 시간이 제대로 주어지지 않자, 다 함께 뜻을 모아 쟁취해 냈습니다.

백가쟁명 百家爭鳴
- 많은 학자가 자신의 입장을 자유롭게 토론한다는 뜻의 사자성어.
- 백가쟁명은 고대에 인재를 모으기 위한 방법 중 하나였습니다.

함께 생각해 봐요

1 爭이라는 한자를 누구에게 알려 주고 싶나요? 〈단어를 활용해 봐요〉에서 익혔던 단어를 활용해 봅시다. 그 이유도 적어 봅시다.

> 친구가 조별 모둠 수업을 자꾸 방해했습니다. 그건 좋은 경쟁이 아니니까 서로 존중하면서 즐겁게 해 보자고 이야기해 주고 싶어요.

2 함께 긍지를 드높이며 경쟁하는 이들을 본 적이 있나요? 사람, 동물, 식물, 곤충, 캐릭터 등이 어떤 방식으로 경쟁하는지 떠올리며 적어 봅시다.

> 애니메이션 〈포켓몬스터〉의 주인공들은 체육관에서 경쟁합니다. 그리고 대결한 후에는 언제나 서로 최선을 다했다며 어깨를 토닥여 주고 우정을 다집니다.

창피한 일이 아닌 빈곤

: 가난할 빈

정원이는 비싼 브랜드 로고가 잘 보이는 옷을 입으면 자신감이 가득 차요.
그런데 로하는 새 옷을 살 돈이 없어 매일 같은 옷을 입고 다니면서도 부족함이 없어 보여요.
로하는 어떻게 창피하지 않을 수 있을까요?

무슨 뜻인지 알아봐요

貧은 '가난하다'는 뜻이고 '빈'이라고 읽어요. 오늘날에 많은 사람들은 부유한 사람을 성공한 사람이라고 여기고 빈곤한 사람을 패배자라고 생각하는 것 같아요. 그러나 빈곤은 창피한 것도, 빈곤한 사람이 불쌍하거나 패배자인 것도 아니에요. 왜냐하면 다른 이의 몫을 빼앗아 배를 불리는 자들이 있기 때문에 빈곤한 사람들이 생기는 것이거든요. 빈곤에서 빠져나오지 못하게 하고, 사람들을 사람이 아니라 도구로 삼는 사회에도 문제가 있지요.

공자에게는 70명이 넘는 제자가 있었어요. 그중 일등 제자는 안회였답니다. 안회는 뛰어난 인품으로도 유명했지만, 동시에 가난한 것으로도 유명했어요. 집에 쌀독이 자주 비어서 밥을 잘 먹지 못해 얼굴이 누렇게 뜰 정도였다고 해요. 아무리 옳은 일을 하고 있더라도 가난을 견디기는 쉽지 않아요.

안회는 가난했지만, 그런 상황에서도 근심에 사로잡히지 않고, 자기욕심만 채우려고 하지도 않았어요. 오히려 세상을 더 넓게 보려고 했기 때문에 사람들과 함께 잘 살기 위한 공부를 놓지 않았지요. 그게 바로 가난하면서도 삶을 즐기며 사는 거예요. 오늘날에도 안회와 같은 사람들이 있답니다. 빈곤에서 벗어나기 위해 다른 존재를 돈벌이 수단으로 이용하는 게 아니라, 아예 이 사회에서 빈곤이 사라지게 하자고 외치는 사람들 말이에요. 그들이 바로 오늘날의 안회가 아닐까요?

단어를 활용해 봐요

빈곤 貧困
- 가난하여 고생함.
- 빈곤에 시달리느라 볼이 움푹 파였습니다.

빈민 貧民
- 가난한 사람.
- 곡식 창고가 풍족한 사람들은 빈민에게 음식을 내어 주는 것을 자랑스럽게 여겼습니다.

빈부 貧富
- 가난함과 부유함.
- 빈부격차가 클수록 사람들이 행복하지 않을 확률이 높습니다.

안빈낙도 安貧樂道
- 구차하고 가난한 중에도 편안한 마음으로 도를 즐긴다는 뜻의 사자성어.
- 공자가 가장 아꼈던 제자 안회는 안빈낙도할 줄 알았습니다.

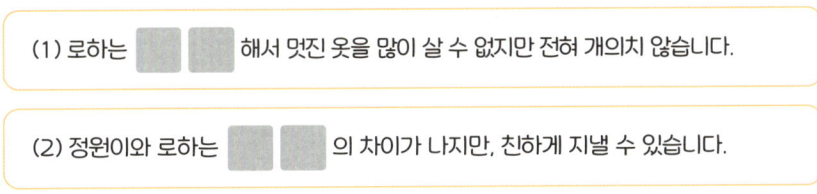

1. 〈단어를 활용해 봐요〉를 읽고, 다음 문장 속 빈칸에 들어갈 단어를 맞혀 봅시다.

   (1) 로하는 ☐☐해서 멋진 옷을 많이 살 수 없지만 전혀 개의치 않습니다.

   (2) 정원이와 로하는 ☐☐의 차이가 나지만, 친하게 지낼 수 있습니다.

   정답: (1) 빈곤 (2) 빈부

2. 매년 10월 17일은 UN이 지정한 '빈곤철폐의 날'이에요. 한국에서도 매년 이 날에 맞춰 목소리를 내고 있답니다. '빈곤철폐의 날'을 인터넷에 검색해서 어떤 날인지 알아봅시다.

   빈곤 문제를 해결하기 위해 지정된 날입니다. 프랑스의 큰 집회에서 시작되었어요.

서로를 지켜 주는 애도

: 슬플 애

나루는 한 집에서 살았던 할머니가 돌아가시자 큰 슬픔에 빠졌습니다.
장례식이 끝나고 학교에 돌아가자 선생님과 친구들이 나루를 걱정해 주었어요.
슬픔을 함께 나누고 이해해 주니 나루는 힘이 났습니다.

무슨 뜻인지 알아봐요

우리는 때로 소중한 이를 먼저 떠나보냅니다. 그럴 때면 속수무책으로 슬픔에 빠지지요. '슬픔'을 뜻하는 한자는 哀라고 쓰고 '애'라고 읽는답니다. 누군가의 죽음은 나의 삶을 크게 흔들어 놓아요. 일상에서 그의 빈 자리를 마주치게 되고, 그것을 인정하고 소화하는 시간이 필요하지요. 그런데 만약 주위에서 나의 슬픔을 이해해 주지 않는다면 어떨 것 같나요? 세상에서 혼자 튕기어 나온 것 같을 거예요.

그래서 죽음을 함께 슬퍼하는 시간이 필요해요. 그것을 애도라고 하지요. 코끼리는 먼저 떠난 코끼리의 몸 위로 흙을 뿌리며 슬픔을 나눈답니다. 사람도 다양한 방식으로 장례를 치러요. 장례식에서 중요한 것은 형식적인 절차가 아니라, 슬퍼하는 마음을 나누는 거예요. 공자는 초상을 치르는 사람 옆에서는 배부르게 먹지 않고, 장례식장에 다녀온 날에는 노래를 부르지 않았다고 해요. 진심으로 슬픔을 함께하기 위해서 말이지요.

안타깝게도 우리 사회에 참사가 발생할 때가 있어요. 나와 상관없어 보이는 이들이 죽었음에도 그 슬픔에 동참하는 건 함께 슬픔을 나누기 위해서예요. 무수한 죽음을 함께 슬퍼하고, 참사가 발생한 이유를 생각해 보고, 유가족들에게 마음을 보내는 일은 아무리 해도 부족하지 않답니다. 애도가 한 사람을 살리고, 그 한 사람이 열 사람을 살리고, 그 열 사람이 백 사람을 살릴 거예요. 애도는 서로가 서로를 지탱해 주는 일이랍니다.

단어를 활용해 봐요

애도 哀悼
- 사람의 죽음을 슬퍼하는 것.
- 친구와 함께 분양소를 찾아 애도를 표했습니다.

애원 哀願
- 바라는 일을 해 달라면서 애처롭게 사정하는 것.
- 모두 한마음으로 생존자가 더 있기를 애원하였습니다.

애통 哀痛
- 몹시 슬프고 가슴 아픈 것.
- 유가족들이 몹시 애통해했습니다.

애걸복걸 哀乞伏乞
- 바라는 일을 해 달라고 굽실거리면서 간절하게 빈다는 뜻의 사자성어.
- 동생이 숙제를 도와 달라고 애걸복걸했습니다.

함께 생각해 봐요

① 나라면 나루에게 어떤 말을 해 줄 수 있을까요? 구체적인 상황을 상상하며 나루에게 두 줄 편지를 써 봅시다.

> 나루야, 할머니가 돌아가셔서 너무 슬프겠다. 할머니는 네가 곁에 있어서 행복하셨을 거야. 울어도 괜찮아.
>
> _____
>
> _____

② 함께 애도하는 이들을 본 적이 있나요? 사람, 동물, 식물, 곤충, 캐릭터 등이 어떤 방식으로 애도하는지 떠올리며 적어 봅시다.

> 이태원에서 압사 참사가 벌어진 적이 있습니다. 참사가 일어났던 장소에 많은 사람들이 편지와 사진, 꽃을 가져다 놓고 애도했습니다.
>
> _____
>
> _____

나의 일상이 곧 정치

: 정치 정

리원이는 요즘 사회 시간이 제일 재밌어요. '정치'를 배우고 난 뒤부터 더 그렇습니다.
그런데 정치에 관해 리원이가 할 수 있는 것이 별로 없어 보여서 고민이에요.
지금 리원이가 실천할 수 있는 정치 활동도 있을까요?

무슨 뜻인지 알아봐요

政은 '정치'라는 뜻이고 '정'이라고 읽습니다. 정치라니, 조금 먼 이야기처럼 느껴지나요? 투표권을 행사하거나 정치인이 되어야만 정치를 할 수 있다고 생각하나요? 공자도 그와 비슷한 질문을 받은 적이 있어요. 당시 공자의 제자들은 벼슬에 올랐지만 공자는 높은 벼슬을 하지는 못했답니다. 그래서 누군가 벼슬을 하지 않는 공자에게 왜 정치를 하지 않냐고 물어봤어요.

공자는 이렇게 대답했어요. "효도하고 우애를 다지는 것 또한 정치입니다. 어째서 지위가 있어야만 정치를 하는 것이겠어요?" 나와 가까운 이들의 마음을 살피고, 나를 돌아보는 것이 바로 정치라는 말이에요. 어떻게 우리의 일상이 정치가 될 수 있을까요? 사실 이 질문은 거꾸로 던져 봐야 해요. 우리의 일상에서 출발하지 않고 어떻게 정치를 말할 수 있을까요? 가까운 이들을 들여다보지 않는 사람이 어떻게 더 많은 이들의 마음을 헤아릴 수 있을까요?

법과 제도는 보조적인 역할을 할 뿐이에요. 내 일상의 공동체를 잘 돌보고 꾸리는 것이 바로 정치의 시작이자, 핵심이지요. 만일 일상의 정치가 잘 이뤄진다면 법과 제도는 필요 없어질지도 몰라요. 동양철

학에서는 최고의 정치를 '무위(無爲)'라고 한답니다. '아무것도 하지 않는다'는 뜻인데요. 정치인이 별일을 하지 않아도 모두가 조화롭게 함께 사는 모습을 뜻해요. 그러니까 우리가 지금부터 할 수 있고, 무엇보다 중요한 정치는 일상을 건강하게 잘 꾸려 가는 것이랍니다.

단어를 활용해 봐요

정부 政府
- 나라를 다스리는 기관. 흔히 행정부를 말한다.
- 정부는 국민들의 마음을 헤아려야 합니다.

정책 政策
- 정치를 잘하거나 사회 문제를 해결하려고 내놓는 방법.
- 풀뿌리 민주주의를 위한 정책이 필요합니다.

정치 政治
- 나라를 다스리는 일.
- 우리의 일상도 정치의 현장입니다.

정자정야 政者正也
- 세상을 바로잡는 것이 정치라는 뜻의 사자성어.
- 정자정야는 지금, 여기, 나의 삶에서부터 시작됩니다.

함께 생각해 봐요

1 이 단어는 무엇일까요? 이 단어는 나라를 다스린다는 뜻이에요. 함께 살아가는 사람들이 행복하다면 나라를 잘 다스린 것이라고 할 수 있겠지요. 그렇기 때문에 이 단어에는 일상 속에서 공동체를 잘 꾸린다는 뜻도 있답니다. 이 단어는 과연 무엇일지 한글과 한자로 써 보세요.

정답: 정치, 政治

2 집안 살림을 꾸리고 식구를 돌보는 엄마나 아빠를 두고 '집에서 논다'고 표현하기도 합니다. 하지만 일상을 꾸려 가는 살림이야말로 政의 핵심이자 시작입니다. 일상적인 집안 살림의 종류에는 어떤 것이 있을까요?

식사 준비하기, 건강 살피기, 방 청소하기 등

따라 써 봐요

《논어》한마디

子曰 見義不爲 無勇也
자 왈 견 의 불 위 무 용 야

"공자가 말했다.
'의로운 일을 보고도 하지 않는다면 용기가 없는 것이다.'"
―《논어》,〈위정爲政〉24

信 [믿을 신]
부수 亻(사람인변) 총 획수 9획
丿 亻 亻 亻 亻 信 信 信 信

禮 [예 예]
부수 示(보일시) 총 획수 18획

節 [마디 절]	節	節			
부수 ⺮(대죽2) 총획수 15획	ノ ト ト ゲ ゲ 竺 竺 竺 笁 笁 笁 節 節 節				

恭 [공손할 공]	恭	恭			
부수 ⺗(마음심밑) 총획수 10획	一 十 廾 共 共 共 恭 恭 恭 恭				

義 [의 의]	義	義			
부수 ⺷(양양3) 총획수 13획	` ` 并 并 并 羊 差 差 差 莠 義 義 義				

勇 [날랠 용]	勇	勇			
부수 力(힘력) 총획수 9획	一 マ マ ア 丙 丙 百 甬 勇 勇				

자유롭게 한자를 연습해 보세요

4

세상과 만나기

지구는 인간만의 집이 아닙니다.
짐승과 새, 곤충과 꽃, 나무와 풀도 함께 살아가는 거대한 터전이지요.
이곳에서 우리는 어떻게 더불어 살 수 있을까요?

받은 것을 소중히 여기기

: 받을 수

도담이에게 동생이 생겼어요. 동생은 엄마와 도담이에게서 많은 사랑을 받고 있어요.
이렇게 많은 사랑을 받으며 자라고 있다는 걸 동생은 알까요?
도담이는 동생이 태어나면 꼭 이야기해 줘야겠다고 생각했습니다.

무슨 뜻인지 알아봐요

〈사자소학〉*에는 "내 몸과 머리카락과 살은 부모님께 받은 것이다"라는 말이 나와요. 부모님이 품어 주고 낳아 주지 않으셨다면 우리는 존재할 수 없다는 말이에요. 그뿐 아니라 우리는 사계절의 기운이나 태양과 달, 별들의 기운 속에서 태어난답니다. 살아가면서도 많은 것들을 받아요. 햇빛이 없는 세계를 상상할 수 있나요? 비와 바람은 또 어떻고요. 땅이 주는 곡식과 과일, 꽃과 풀 역시 빼놓을 수 없어요.

受는 '받는다'는 뜻으로 '수'라고 읽지요. 얼핏 보면 '주기'는 능동적인 행동 같고, '받기'는 수동적인 행동인 것 같기도 해요. 그러나 사실 받기는 매우 능동적인 행동이랍니다. 선생님의 가르침을 받으려면 '수업' 시간에 얼마나 집중해야 하는데요. 부모님의 외출 제안을 '수락'하려면 번거롭지만 몸단장도 해야 하지요. 친구에게 게임 비법을 '전수'받으려면 맛있는 간식이라도 챙겨 줘야 하고요.

만약 받기를 당연하게 여기고, 받은 것을 함부로 대한다면 우리가 사는 세상은 위험해질 수 있어요. 자연에게서 받은 것을 소중히 여기지 않아서 기후 위기가 온 것처럼 말이지요. 우주는 누군가의 이익을 위해

●── 우리가 지켜야 할 생활 규범과 어른을 공경하는 법 등을 알려 주는 조선 시대의 책이에요.

서 존재하지 않아요. 인간의 의도와 상관없이 해는 뜨고, 달은 져요. 물은 아래로 흐르고, 생명은 태어나고 죽지요. 그러니 우리가 살며 받게 되는 것을 당연하게 생각하지 말고, 어떻게 하면 '잘' 받을 수 있을지 고민해 봐야 해요.

단어를 활용해 봐요

수업 受業
- 가르침을 받음.
- 오후 수업 시간에는 식곤증 때문에 자꾸 눈이 감깁니다.

수락 受諾
- 요구를 받아들임.
- 친구의 생일파티 초대를 기쁜 마음으로 수락했습니다.

전수 傳受
- 기술이나 지식을 전하여 받음.
- 이 식당에는 3대째 내려오는 기술을 전수한 주방장이 있습니다.

소수일혈 素受一血
- 형제자매가 한 핏줄을 받고 태어났다는 뜻의 사자성어.
- 우리 남매는 소수일혈로 피를 나눈 사이입니다.

함께 생각해 봐요

1. 〈단어를 활용해 봐요〉를 읽고, 다음 문장 속 빈칸에 들어갈 단어를 맞혀 봅시다.

   (1) 도담이는 나중에 동생에게 노래를 불러 주고 싶어서 음악 ☐☐ 을 열심히 들었습니다.

   (2) 도담이는 사촌 언니에게 아기와 노는 법을 미리 ☐☐ 받았습니다.

   (3) 함께 산책을 하자는 엄마의 제안을 기쁘게 ☐☐ 했습니다.

   정답: (1) 수업 (2) 전수 (3) 수락

2. 이상 기후로 인해 꿀벌들이 사라지고 멸종위기 생물들이 점점 더 많아지고 있어요. 우리가 자연이 베풀어 주는 것을 너무 당연하게 생각하고 소중하게 생각하지 않았기 때문이에요. 바다 생물들은 어떨까요? 뉴스를 찾아보고 바다 생물들이 겪는 어려움에 대해서 적어 보세요.

   바다거북과 물고기가 비닐봉지를 먹고 죽어 가고 있대요. 우리가 만들어 낸 엄청난 쓰레기들 때문이에요.
   _____
   _____

인간다운 인간되기

리현이의 동네에는 이주 배경 친구들이 있습니다. 서로 언어가 잘 통하지 않아서 함께 대화할 수 있는 방법을 찾아보았어요. 리현이와 친구들은 그림을 그려 소통했지요. 모두가 어울리려고 노력한 덕분에 함께 이루어 냈네요!

무슨 뜻인지 알아봐요

《논어》의 핵심 단어로 仁을 꼽는 사람이 많아요. '인'이라고 부르는 이 단어는 '인간다움'을 뜻한다고 할 수 있어요. 공자는 仁을 "내가 일어나고 싶으면 남을 일으켜 세우고, 내가 이루고 싶다면 남을 이루게 해 주는 것"이라고 했어요. 내가 사회의 어엿한 구성원이 되려면 다른 이들도 구성원이 될 수 있도록 도와야 한다는 말이에요. 그렇다고 다른 사람에게 명령하거나, 남보다 앞서야 한다는 뜻은 아니랍니다.

때로 우리는 내가 힘쓴 것, 내가 마음 쓴 것만 생각하기도 해요. 그러나 우리는 서로에게 촘촘하게 얽혀 있어요. 가족과 친구부터 시작해서 동식물, 하늘과 땅, 별들까지도 말이에요. 이미 다른 존재와 함께하고 있기 때문에 내가 남들을 살피고 함께 잘 살고자 한다면 언제든 그럴 수 있어요. 인간답게 사는 길은 멀리 있지 않아요. 지금 당장 더불어 살고자 한다면 곧바로 仁을 이룰 수 있답니다.

仁이란 인간이 지켜야 할 가치가 있다는 뜻이지만 오로지 인간만 특별하다는 의미는 아니에요. 세계의 중심이 인간이라는 뜻도 아니고요. 오히려 거꾸로랍니다. 함께 어우러져 살 수 없다면 인간답게 살 수 없다는 뜻이에요. 작은 곤충이나 물고기, 하늘이나 땅과도 더불어 살 수 있을 때 우리는 仁이라고, 그러니까 인간답다고 말할 수 있어요. 仁 하지 못하다면 어떻게 되느냐고요? 세상과 만나지도, 소통하지도 못하는, 인간답지 못한 인간은 어딘가가 꽉 막혀 버린답니다.

단어를 활용해 봐요

인군 仁君
- 어진 임금.
- 그 임금은 인군으로 알려져 있습니다.

인후 仁厚
- 어질고 후덕함.
- 성품이 인후하다면 동물이나 식물도 잘 키워 낼 수 있을 거예요.

인자 仁慈
- 마음이 너그럽고 따뜻한 것.
- 할머니가 인자한 미소로 반겨 주셨습니다.

인자요산 仁者樂山
- 어진 사람은 행동이 신중하기가 태산 같으므로 산을 좋아한다는 뜻의 사자성어.
- 이모는 자신이 그린 산 그림 옆에 인자요산이라고 적었습니다.

함께 생각해 봐요

1 더불어 사는 것이 인간다운 삶이라는 仁의 의미를 생각해 봅시다. 다음 중 가장 인간다운 삶을 살고 있는 사람은 누구인가요?

① 화단에 핀 꽃이 예뻤습니다. 한 송이를 꺾어서 친해지고 싶은 친구에게 주었어요.

② 외국인 친구들의 말을 이해해 보려고 노력하고, 다 함께 놀자고 이야기했어요.

③ 외국인 친구들이 내 말을 잘 알아듣지 못해서 다른 친구랑 놀았어요.

정답: ②

2 〈단어를 활용해 봐요〉를 읽고, 다음 문장 속 빈칸에 들어갈 단어를 맞혀 봅시다.

(1) 친구들에게 같이 놀이터에서 놀자고 했더니 친구들이 ☐☐ 하게 웃으며 고개를 끄덕였습니다.

(2) 세종대왕은 조선 시대의 ☐☐ 으로 알려져 있습니다.

정답: (1) 흔쾌 (2) 위인

배려하고 초대하기

: 삼갈 근

민재는 갖고 싶은 것이 있으면 무엇이든지 가질 수 있었어요. 미술 학원에 갈 때도 멋진 미술 도구들을 준비해 갔어요. 친구들이 빌려 달라고 했지만 민재는 그러고 싶지 않았어요. 친구들이 모두 실망하고 떠나자 한편으로는 조금 외롭기도 했어요. 왠지 마음이 복잡하네요.

무슨 뜻인지 알아봐요

謹은 '삼가다'라는 뜻이고 '근'이라고 읽어요. '삼가다'라는 말이 조금 낯설지도 모르겠어요. 신중히 하고, 조심히 하고, 혹시 잘못되지 않을까 경계하는 태도를 말해요. 왠지 답답하게 느껴진다고요? 맞아요. 이 단어의 핵심은 내 한계를 인정하는 거거든요. 먹고 싶은 걸 다 먹지 않고, 갖고 싶은 걸 다 갖지 않고, 말하고 싶은 걸 다 말하지 않는 거지요.

謹은 좋은 것을 다른 사람에게 양보하는 것일 수도 있어요. 원하는 것을 포기하는 것일 수도 있고요. 그런데 왜 그렇게 해야 할까요? 왜 민재처럼 하고 싶은 대로 하면 안 되는 걸까요? 왜냐하면 내가 원하는 것만 생각하다 보면 다른 이들에게 내 생각을 따르라고 강요하게 되기 때문이에요. 그에 반해 양보하고 배려하는 것은 우리가 다른 사람을 위해 할 수 있는 가장 멋진 일이지요. 그래서 '삼가다'에는 '소중히 여긴다' '존중하다'라는 뜻도 있어요.

양보하다가 내 것을 챙기지 못할까 봐 불안한가요? 걱정하지 마세요. 내가 하고 싶은 것에 한계를 둔다고 내가 작아지는 건 아니에요. 오히려 내가 원하는 대로 다 되는 게 불행한 일이랍니다. 나는 다른 이들 덕분에 존재할 수 있는데, 다른 이들을 모두 내쫓는다면 어떨까요?

배려하고 초대할 줄 모른다면 자신의 세계가 무척 좁아지겠지요. 내 욕구를 한계 짓고 삼갈 때 나의 세계는 더욱 풍성해질 수 있답니다.

단어를 활용해 봐요

근신 謹愼
- 잘못을 뉘우치며 말과 행동을 삼가고 조심하는 것.
- 최근에 실수를 너무 많이 해서 근신해야겠다고 생각했습니다.

근엄 謹嚴
- 표정이나 태도가 엄하면서도 점잖은 것.
- 사진에는 5·18 민주화운동에 참여했던 시민들의 근엄한 얼굴이 담겨 있었습니다.

근조 謹弔
- 사람의 죽음에 대하여 삼가 슬픈 마음을 나타냄.
- 할아버지가 돌아가신 날, 가족들이 근조 리본을 가슴에 달았습니다.

근하신년 謹賀新年
- 삼가 새해를 축하함.
- 새해를 맞아 현관문 앞에 '근하신년'이라고 적어 붙였습니다.

함께 생각해 봐요

1. 갖고 싶은 것을 갖지 못하면 힘들어하는 친구에게 謙의 의미를 어떻게 알려 줄 수 있을까요?

> 갖고 싶어하는 것을 다 얻는다고 꼭 행복한 것은 아니라고 말해 주고 싶어요. 참고 다른 친구에게 양보했을 때 함께 기뻐할 수 있다면, 그만한 행복도 없을 테니까요.

2. 다른 사람을 위해 양보하고 사양하는 이를 본 적이 있나요? 사람, 동물, 식물, 곤충, 캐릭터 등이 어떻게 謙 하는지 떠올리며 적어 봅시다.

> 아빠는 맛있는 간식을 늘 양보하고 나를 배려해 주세요. 덕분에 아빠와 더 즐거운 시간을 보냈어요. 앞으로는 나도 아빠에게 양보하고, 아빠와 더 가까워지고 싶어요.

생기 가득한 나날 보내기

: 배울 학

리온이는 학교에서 알아주는 우등생이에요. 모두가 공부 잘하는 리온이를 부러워해요. 그런 리온이에게 고민이 하나 있어요. 공부를 아무리 해도 행복해지지 않는다는 거예요. 공부라는 것은, 배운다는 것은 도대체 무엇일까요?

무슨 뜻인지 알아봐요

여러분은 혹시 이런 생각을 해 본 적이 있나요? '언제까지 공부를 해야 하는 거야?' 몇 살이 되면 공부에서 벗어날 수 있을까요? 중학생? 고등학생? 대학생? 공자는 스스로를 평생 배우는 사람이라고 생각했어요. 심지어 배우는 걸 너무 좋아한 나머지, 자기처럼 배움을 좋아하는 사람은 없을 거라고 장담한 적도 있답니다. '학생' '학교'에 쓰이는 '학'이라는 한자는 學이라고 써요. '배우다'라는 뜻이고요.

공자는 어떻게 그리 배움을 좋아할 수 있었을까요? 오늘날 말하는 공부와 공자가 생각한 배움이 다르기 때문이었답니다. 공자는 아는 것이 많더라도 제대로 배우지 않으면 허세쟁이가 될 수 있다고 생각했어요. 배우는 사람은 오히려 겸손해지거든요. 배우는 과정을 통해서 매일 또 다른 세상을 새롭게 만나기 때문이에요. 또 그런 만남을 통해서 자기 자신 역시 부족한 부분이 있다는 걸 깨닫고, 변화하기도 하고요.

새로운 세계를 만나면 새로운 감각이 깨어날 수밖에 없어요. 이 세상이 다채롭게 느껴지고 온몸이 생기로 가득 찹니다. 매일 그렇게 살 수 있다면 얼마나 즐거울까요? 나도 모르게 공부가 계속하고 싶어질 거예요. 이렇게 배우는 사람은 풍족한 삶을 살게 됩니다. 내가 이 세상을 이미 다 안다고 생각하고 배우지 않는 사람은 절대 알 수 없는 감각일 거예요.

단어를 활용해 봐요

학교 學校
- 학생들을 가르치는 교육 기관.
- 서울에는 많은 학교가 언덕 위에 있습니다.

학급 學級
- 한 교실에서 함께 공부하는 학생의 집단.
- 우리 학급에서는 장애인과 비장애인이 함께 수업을 듣습니다.

학생 學生
- 학교에 다니면서 공부하는 사람.
- 동생이 어제 학교에 입학해 초등학생이 되었습니다.

박학다문 博學多聞
- 널리 배우고 많이 듣는다는 뜻의 사자성어.
- 책을 많이 읽으면 박학다문할 수 있습니다.

함께 생각해 봐요

① 〈단어를 활용해 봐요〉를 읽고, 다음 문장 속 빈칸에 들어갈 단어를 맞혀 봅시다.

(1) 비가 오는 날이면 ☐☐ 에 가는 길이 더 멀게 느껴집니다.

(2) 함께 청소를 열심히 한 덕분에 우리 반이 아름다운 ☐☐ 에 뽑혔습니다.

(3) ☐☐ 들이 한데 모여 있는 걸 보니 수학여행을 왔나 봅니다.

정답: (1) 학교 (2) 학급 (3) 학생

② 다른 사람과 관계를 맺으며 다양한 세계를 배우는 學의 의미를 되새겨 봅시다. 다음 중 學이 의미하는 상황은 무엇일까요?

① 리온이는 친구들보다 더 많이 공부해서 모르는 것이 없다고 자신합니다. 그래서 아는 척하며 이곳저곳 참견했습니다.

② 리온이는 공부를 하다 보니, 내가 모르는 게 아주 많다는 사실을 깨달았어요. 앞으로 만나게 될 멋진 세상을 떠올리니 설레서 가슴이 두근거렸습니다.

③ 리온이는 1등이 되기 위해 교과서를 달달 외웠습니다. 이제 배울 것도, 모르는 것도 없는 것 같아요.

정답: ②

나로부터 출발해 세상에 이르기

생일선물로 받은 게임기가 작동하지 않자, 태영이는 쇼핑몰로 전화를 걸어서 짜증을 냈어요. 그런데 고장 난 게 아니라 전원 선이 안 꽂혀 있었지 뭐예요! '내가 그런 전화를 받았다면 어땠을까?' 하고 생각해 봤어요. 누구라도 그 짜증은 듣고 싶지 않았을 거예요. 태영이는 부끄럽고 죄송한 마음이 들었습니다.

무슨 뜻인지 알아봐요

자공은 《논어》에 가장 많이 등장하는 제자예요. 자공과 공자는 매우 끈끈한 사이였답니다. 어느 날 자공이 물었어요. "평생 한 가지만 지키면서 산다면, 뭐가 좋을까요?" 공자는 이렇게 대답했어요. "내가 하고 싶지 않은 것을 남에게 하지 말아라." 欲은 '하고자 하다'라는 뜻이고 '욕'이라고 읽는답니다. '욕망' '욕심'에도 쓰이는데요. 무언가를 하고 싶어 하는 마음을 의미해요.

오늘날 사람들은 하고 싶은 걸 찾으라고 말해요. 그런데 공자는 반대로 뭔가를 하지 말라고 이야기하네요. 하고 싶은 걸 찾는 것도 어렵지만, 무언가를 하지 않는 것은 더 힘들어요. 내가 나를 이겨야 하기 때문이지요. 어질러진 책상을 못 본 척 지나간 적이 있지 않나요? 누군가 대신 청소해 주기를 바라면서 말이에요. 하지만 남이라고 더러워진 책상을 치우고 싶지는 않겠지요. 억지로 나의 마음을 꺾으라는 게 아니에요. 내 마음을 생각하면 자연스럽게 다른 이의 마음도 헤아리게 된다는 말이지요.

누구나 자신의 마음을 들여다볼 수 있어요. 그리고 자기 마음을 볼 수 있다면 다른 이들의 마음도 헤아릴 수 있답니다. 나에서 시작해 가족, 친구, 선생님, 더 나아가 나무와 풀, 곤충과 동물의 세계까지 상상해 보는 거예요. 우리는 상상 속에서 어디든 가닿을 수 있어요. 어때요, 다른 이들의 마음을 헤아리는 일도 꽤 재미있을 것 같지요?

단어를 활용해 봐요

욕구 欲求
- 어떤 것을 바라거나 몹시 절실하게 이루고 싶어 하는 것.
- 내 욕구를 다른 사람에게 강요한다면 폭력이 될 수 있습니다.

욕망 欲望
- 어떤 것을 몹시 바라거나 꼭 이루고 싶은 마음.
- 욕망이 지나치면 위험해질 수 있습니다.

욕심 欲心
- 어떤 것을 지나치게 바라거나 하고 싶어 하는 마음.
- 친구의 얼굴이 욕심으로 가득 차 있습니다.

기소불욕 물시어인 己所不欲 勿施於人
- 내가 하고 싶지 않은 것은 남에게도 하지 말라는 뜻의 고사성어.
- 기소불욕 물시어인 한다면 어진 사람이 될 수 있습니다.

함께 생각해 봐요

1. 태영이에게 어떤 이야기를 해 줄 수 있을까요? 내가 원하지 않는다면 다른 이들에게도 강요하지 않는다는 欲의 의미를 생각하며 태영이에게 두 줄 편지를 써 봅시다.

> 태영아, 쇼핑몰 직원 분의 마음을 헤아려서 다행이야. 앞으로도 다른 사람의 마음을 잘 헤아려 보고 행동하면 어떨까?

2. 학교 근처에 달동네가 있어요. 지방 정부가 이 동네를 개발하겠다며 사람들을 내쫓으려 해요. 짝꿍은 개발에 찬성한다고 하네요. 다음 중 짝꿍에게 해 줄 이야기로 적합하지 않은 것은 무엇일까요?

① 오랫동안 함께 살아서 가족과도 같은 너의 이웃들과 느닷없이 뿔뿔이 흩어져야 한다고 생각해 봐. 삶의 모든 것을 빼앗기는 것 같지 않을까?

② 더 이상 갈 곳이 없는데 나를 무작정 쫓아낸다면 얼마나 괴로울지, 상상조차 할 수 없어.

③ 그 사람들이 어떻게 되든 나와는 상관없는 일이야. 나한테만 그런 일이 벌어지지 않으면 되지, 뭐.

ⓒ : 윤문

보이는 것 너머를 생각하기

: 밝을 명

승하는 인형이 살아 움직이는 내용의 애니메이션 영화를 봤어요.
그때부터 '혹시 내가 잠든 사이에 무슨 일이 벌어지는 건 아닐까?' 하고 상상하기 시작했어요.
내가 모르는 더 넓은 세상이 있는 건 아닐까요?
어쩐지 세상이 이전보다 더 밝게 보이는 것 같아요.

무슨 뜻인지 알아봐요

'명'이라고 읽는 한자 明은 日과 月로 되어 있어요. 日은 동그란 '해'를 표현한 한자이고 '일'이라고 읽어요. 月은 초승달의 모양인데요, '달'이라는 뜻이고 '월'이라고 읽지요. 해와 달은 지구를 환하게 비춰 줘요. 明은 이 해와 달이 합쳐져 '밝다'는 뜻이 되었답니다. 거기에 더해 '밝게 본다'는 뜻도 있는데요. '명료하다' '명확하다' '명백하다' '명쾌하다'에 모두 明이 들어간답니다.

자장이란 제자가 공자에게 明에 대해 물어본 적이 있어요. 일을 잘하는 사람이 되고 싶었던 자장은 상황을 밝게 보는 방법이 궁금했나 봐요. 공자는 자장의 질문에 이렇게 대답했어요. "누군가 자신을 일부러 불쌍하게 말하더라도 거기에 넘어가지 않는다면 밝다고 할 수 있다." 이게 무슨 말일까요? 마음이 한쪽으로 쏠리더라도 그것을 곧이곧대로 따르지 말고 의심해야 한다는 말이에요. 내가 보고 있는 것, 듣고 있는 것이 전부라고 생각하면 안 돼요. 미처 알지 못한 세계가 있을 수 있거든요.

우리는 때로 내가, 또는 인간이 세상의 모든 이치를 다 알 수 있을 거라고 생각해요. 하지만 우리가 미처 보지 못한 사이에 저 해와 달에게, 내 핸드폰과 책상에게, 길바닥의 잡초에게 무슨 일이 일어났을지다 알 수 없지요. 明을 잘 보면 동그란 해와 초승달 안에 작대기가 그려져 있어요. 혹시 이 작대기는 우리가 미처 다 알지 못하는 세계가 있다는 표시가 아닐까요?

단어를 활용해 봐요

명민 明敏
- 총명하고 민첩함.
- 형은 명민해서 나를 어려움에서 곧잘 구해 주곤 합니다.

명암 明暗
- 밝음과 어두움.
- 이 소설에는 주인공 인생의 명암이 분명하게 담겨 있습니다.

명쾌 明快
- 말·글 같은 것이 속이 시원할 만큼 뚜렷하고 분명함.
- 내가 질문하자 선생님께서 명쾌하게 설명해 주셨습니다.

명약관화 明若觀火
- 불을 보듯 분명하고 뻔하다는 뜻의 사자성어.
- 이대로라면 학교에 지각할 것이 명약관화합니다.

함께 생각해 봐요

① 〈단어를 활용해 봐요〉를 읽고, 다음 문장 속 빈칸에 들어갈 단어를 맞혀 봅시다.

(1) 승하가 본 애니메이션 영화는 결말이 ☐☐해서 재미있습니다.

(2) 승하는 ☐☐하게 상황을 분석해 문제를 해결합니다.

정답: (1) 엉뚱 (2) 음중

② 나도 모르는 사이에 어떤 인형이 자리를 바꾼 적은 없었나요? 사라진 줄 알았던 펜이 다시 나타난 적은요? 해와 달의 표면에서 움직이는 누군가를 보지 못했나요? 우리가 모르는 사이에 세상에서 어떤 일이 벌어지고 있을지, 한번 상상해 봅시다.

> 아무리 찾아도 없었던 동전이 주머니에 들어 있었습니다. 분명히 주머니도 확인을 했었는데 말이에요! 아무래도 동전이 외출을 하고 온 게 분명해요.
> _____
> _____

매번 더 넓게 헤아리기

: 가운데 중

딸기 맛과 민트초코 맛 아이스크림을 둘러싸고 논쟁이 벌어졌습니다.
동생들은 형이 자신의 편을 들어 주기를 바라는 마음으로 눈을 반짝이며 의견을 기다리고 있어요.
찬희는 어떻게 해야 중립을 지키며 지혜롭게 이야기할 수 있을까요?

무슨 뜻인지 알아봐요

中은 '중'이라고 읽고 '가운데'라는 뜻이에요. 더 자세하게 얘기해 보면 '어딘가의 안'이라는 뜻도 있고요. 공간의 '한가운데'라는 뜻도 있어요. 또 한곳으로 '치우치지 않은 상태'를 의미하기도 해요. 과하지도 않고, 그렇다고 부족하지도 않은 상태를 말하는데요. 물이 컵에 적당히 담겨서 넘치지 않지만 부족하지도 않을 때, 국물이 뜨겁지도 않고 차지도 않아서 먹기 딱 좋을 때 中이라고 할 수 있겠지요.

종종 사람들은 '치우치지 않는 상태'를 '양 끝의 가운데'라고 오해해요. 사실 이 둘은 완전히 다르답니다. 눈이 오나 비가 오나 1과 9의 가운데 숫자는 5이겠지요. 하지만 치우치지 않는 적당한 상태는 한순간도 같을 때가 없어요. 상황에 따라서 매번 달라지지요. 컵의 모양에 따라 담기는 적당한 물의 양이 달라질 테고, 몸이 뜨겁느냐 차갑느냐에 따라 먹기 딱 좋은 국물의 온도가 달라질 테니까요.

최근에 '중도' '중립'이라는 단어가 자주 사용되고 있어요. 양쪽에 다 동의하지 않으면서, 동시에 아무런 행동도 하지 않는 경우에 많이 쓰여요. 하지만 사실 진정한 中은 가만히 있는 것이 아니랍니다. 오히려 매번 상황을 달리 보려고 노력하면서, 때에 따라 중심을 잘 잡는 것이지요. 어떻게 그렇게 할 수가 있냐고요? 우리는 당장 눈앞의 이익만 따지는 게 아니라, 더 많은 존재들의 상황을 함께 살필 수 있는 존재거든요. 연습하다 보면 넘치지도 부족하지도 않게 행동할 수 있을 거예요.

단어를 활용해 봐요

중도 中道
- 어느 한쪽으로 치우치지 아니하는 바른길.
- 중도를 걷기 위해서는 부단한 노력이 필요합니다.

중식 中食
- 점심에 끼니로 먹는 밥.
- 이번 달 학교 중식에 내가 좋아하는 메뉴가 많이 나왔습니다.

중심 中心
- 한가운데.
- 저울의 중심을 맞추기 위해서는 추를 잘 놓아야 합니다.

중도이폐 中道而廢
- 최선을 다하고 힘이 떨어진 사람은 중간에 그만둔다는 뜻의 사자성어.
- 중도이폐할 정도는 아니니 조금 더 힘을 냈습니다.

함께 생각해 봐요

1. 〈단어를 활용해 봐요〉에서 익혔던 단어와 어울리는 말을 연결해 봅시다.

중도	•	•	찬희는 두 동생 사이에 서는 걸 좋아해요.
중심	•	•	아빠가 아이스크림을 사 준다고 전화를 하셨을 때는 마침 점심 식사를 마친 뒤였어요.
중식	•	•	찬희는 동생들을 위해서 한쪽으로 치우치지 말아야겠다고 생각했어요.

정답: ⋈

2. 만화와 같은 상황에서 찬희가 어떻게 행동하면 中하다고 할 수 있을까요?

① 동생들의 다툼을 모른 척하고 책을 계속 읽습니다.

② 바닐라 맛이 최고라며, 아예 새로운 맛을 추천합니다.

③ 동생들이 각각 그 아이스크림을 좋아하는 이유를 말하게 하고 서로의 의견을 존중할 수 있도록 돕습니다.

정답: ③

모두가 함께 편안해지기

: 편안할 안

바다는 물병을 들고 다니기가 귀찮아서 일회용 컵을 자주 사용했어요. 그러던 어느 날, 일회용품 때문에 바다와 산이 오염되면서, 그곳에 사는 동물과 식물 모두가 불편하다는 것을 알게 되었어요. 모두 함께 편안해지려면 어떻게 해야 할까요?

무슨 뜻인지 알아봐요

여러분은 어떤 때 편안하다고 느끼나요? 공자는 누군가의 편안한 모습을 관찰하면 그 사람이 어떤 사람인지 알 수 있다고 했어요. 일상에서 진짜 모습이 드러난다는 이야기이지요. '편안하다'에 사용하는 한자가 바로 安이에요. '안'이라고 읽지요. 편안하려면 자연스러워서 오래 해도 힘들지 않아야 해요. 그러려면 계속할 만큼 그 일을 즐길 수도 있어야 하겠지요.

우리는 때로 다른 이들을 신경 쓰지 않고 나의 편안함만 생각하기도 합니다. 하지만 내 한 몸만 편하려고 하면 모두를 위태롭게 할 수도 있어요. 맛있는 과자를 먹고 쓰레기를 아무 데나 버리면 어떻게 될까요? 길거리가 지저분해지고, 땅이 오염되겠지요. 그러면 길거리에서 냄새가 나서 사람들도 괴롭고, 땅에서 자라는 식물들과 자연에서 살아가는 동물들도 건강하게 살 수 없을지도 몰라요.

나뿐만 아니라 모두가 편안하려면 어떻게 하면 될까요? 아주 작은 일부터 차근차근 해 보는 거예요. 처음에는 과자를 먹은 뒤에 바로 쓰레기를 치워 보고요. 일회용품도 되도록 쓰지 않고요. 배달 음식을 덜 시켜 볼 수도 있어요. 그러면 쓰레기로 인해서 괴로워지는 존재들도 줄어들겠지요. 진정한 편안함을 위해서는 때로 불편함을 감수할 필요가 있답니다.

단어를 활용해 봐요

편안 便安
- 몸과 마음이 편함.
- 밥을 먹고 바로 누우면 잠깐은 편안하지만, 곧 위가 아파집니다.

안녕 安寧
- 탈 없이 편안한 것.
- 먼 나라로 떠나는 친구의 안녕을 기원했습니다.

안심 安心
- 걱정거리가 사라져서 마음을 놓는 것.
- 친구 집에 놀러 간다고 미리 말씀드렸더니 부모님께서 안심하셨습니다.

인자안인 仁者安仁
- 어진 사람은 사람답게 구는 것을 편하게 여긴다는 뜻의 사자성어.
- 인자안인하면 마음이 편안하여 흔들릴 일이 없습니다.

함께 생각해 봐요

① 安이라는 한자를 누구에게 알려 주고 싶나요? 그 이유도 적어 봅시다.

> 텀블러를 들고 다니는 나에게 불편하지 않냐고 물어보는 친구에게 알려 주고 싶습니다. 잠깐은 불편할 수 있어도, 더 많은 이들과 함께 편해질 수 있는 방법이라고 이야기하고 싶어요.

② 바다는 대중교통을 많이 이용합니다. 그렇게 하면 누가 편안해질 수 있을까요? 사람, 동물, 식물, 곤충 등 함께 살아가는 다양한 존재들을 떠올리며 적어 봅시다.

> 대중교통을 이용해서 도로 위에 차가 줄어들면 동물들이 더 안전하고 편안하게 길을 건널 수 있을 거예요.

최고로 아름다워지기

: 아름다울 미

기연이는 요리하는 것을 좋아해요. 처음에는 자극적인 맛이 나는 요리를 했지요. 그런데 요리를 계속하다 보니, 원재료의 맛이 양념에 묻히는 게 아쉬웠어요. 그래서 양념을 줄이고 원재료의 맛을 살렸더니, 맛이 아름답게 느껴졌어요!

무슨 뜻인지 알아봐요

美는 요즘에도 자주 쓰는 한자입니다. '아름답다'는 뜻이고 '미'라고 읽지요. 여러분은 무엇을 보면 아름답다는 생각이 드나요? 아이돌이나 캐릭터의 외모를 떠올리게 되지는 않나요? 美는 사람의 아름다운 외모만 뜻하는 한자는 아니랍니다. 아름다움을 표현한 그림이나 조각을 '미술'이라고 하고, 좋은 맛을 '미미'라고 하지요. 아름답고 좋은 풍속을 '미풍'이라고 해요.

옛날에는 제사를 지낼 때 아름다움에 관해 많이 생각했어요. 연주하는 곡, 사용하는 그릇, 입는 옷까지 신경 써서 아름답게 만들었답니다. 평소에는 검소하게 지낼지라도, 제사 때만큼은 특별히 정성을 다했어요. 제사를 지낼 때면 산과 강을, 조상님을, 그리고 이웃을 생각하며 최고로 아름다운 것들을 내어놓았지요.

그러니까 美가 말하는 아름다움은 한 사람만 돋보이게 만드는 화려함이 아니에요. 만일 소수의 이익을 위해서 화려함을 사용한다면, 겉보기만 번지르르할 뿐 금세 보잘것없어지고 말 거예요. 한 사람의 돈벌이를 위해 그림이 이용된다면, 혹은 오직 외모만을 가꾼다면 우리는 그것을 과연 진정으로 아름답다고 할 수 있을까요? 진짜 아름다움은 나 혼자 빛나는 것이 아니라, 우리 모두가 함께 조화를 이루는 것이랍니다.

단어를 활용해 봐요

미담 美談
- 사람들이 감동할 만한 착하고 훌륭한 이야기.
- 마음이 따뜻한 사람들의 이야기가 미담으로 전해집니다.

미덕 美德
- 남이 본받을 만한 훌륭한 마음가짐이나 행동.
- 하람이는 외모로 친구를 평가하지 않는 미덕을 갖추고 있습니다.

미화 美化
- 어떤 곳을 아름답고 깨끗하게 꾸미는 것.
- 화단에 버려진 쓰레기를 줍는 환경 미화 활동을 했습니다.

이인위미 里仁爲美
- 어진 마을에 사는 것이 아름답다는 뜻의 사자성어.
- 이인위미의 뜻을 담아, 마을 사람들은 손님을 정성껏 대접합니다.

함께 생각해 봐요

1 〈단어를 활용해 봐요〉를 읽고, 다음 문장 속 빈칸에 들어갈 단어를 맞혀 봅시다.

(1) 기연이는 요리를 끝낸 후, 부엌을 청소하고 정돈하는 ☐☐ 활동을 했습니다.

(2) 기연이는 쓰레기를 함부로 버리지 않는 ☐☐ 을 갖추었습니다.

(3) 반 친구들은 기연이가 만든 쿠키를 다 함께 나누어 먹었어요. 반에는 기연이에 대한 ☐☐ 이 전해졌어요.

정답: (1) 마무 (2) 미덕 (3) 미담

2 美의 의미를 되새겨 봅시다. 다음 중 진정한 美가 의미하지 않는 상황은 무엇일까요?

① 제사를 지낼 때 연주하는 곡, 입는 옷을 신경 써서 아름답게 만들었습니다.

② 기연이는 얼굴이 아름다운 것이 중요해서 얼굴만 정성스레 가꿉니다.

③ 기연이는 다 함께 사용하는 주방을 아름답고 깨끗하게 청소했습니다.

정답: ②

봄바람처럼 어루만지기

: 따뜻할 온

하랑이는 반의 모든 친구와 즐겁게 지냅니다.
누구라도 하랑이와 함께하면 금세 환하게 웃게 돼요. 의기소침하고 자신감이 없어 보이던 친구는
기운을 되찾게 되고요. 하랑이는 온화한 마음을 가진 게 분명합니다.

무슨 뜻인지 알아봐요

여러분은 어떤 때 따뜻하다고 느끼나요? 감기에 걸렸을 때 몸의 '온도'를 높일 수 있는 이불을 찾게 되지요. 추운 겨울날에는 '온수'를 찾게 되고요. 또 목욕탕의 '온탕'에 들어갈 때도 "아~" 하는 작은 탄성과 함께 따뜻함을 느끼게 됩니다. 온도, 온수, 온탕에 공통으로 들어가는 글자를 찾아볼까요? '온'입니다. 한자로는 溫이라고 써요. '따뜻하다'는 뜻이지요.

그런데 따뜻해질 수 있는 건 몸만이 아니랍니다. 슬픈 일이 생겨서 울고 있을 때, 친구가 다가와서 이야기를 들어주면 마음이 따뜻해지지요. 또 누가 나를 따뜻하게 해 줄 수 있을까요? 〈사자소학〉에서는 부모님을 언급했답니다. "부모님이 나를 따뜻하게 입혀 주신다"라는 말이 있어요. 자식이 추울까 걱정하는 부모님의 마음이 느껴지네요. 이때 따뜻해지는 것은 몸뿐만 아니라 마음이기도 할 거예요.

그래서인지 溫은 공자와 같이 존경받는 사람이 가진 덕목 중 하나였대요. 온화한 사람은 마치 봄바람과 같다는군요. 봄바람은 겨우내 얼어 있었던 세상을 부드럽게 어루만져 줘요. 사납게 화를 내는 것과 정반대의 모습입니다. 또 땅이 만물에 품을 내 주는 것처럼 너그럽다고도 하네요. 내 것과 네 것을 가리며 야박하게 구는 것과 다르게 말이지요. 우리도 주변의 누군가를 따뜻하게 만드는 사람이 되면 어떨까요?

단어를 활용해 봐요

온수 溫水
- 따뜻하게 데워진 물.
- 물이 꽁꽁 언 겨울날, 길고양이에게 온수를 주었습니다.

온정 溫情
- 따뜻한 정.
- 울고 있을 때 친구가 안아 주니 온정을 느낄 수 있었습니다.

온화 溫和
- 마음이나 태도가 따뜻하고 부드러움.
- 우리 선생님은 온화하고 너그러워서 함께 있으면 마음이 따뜻해집니다.

온량공검양 溫良恭儉讓
- 따뜻함, 어짊, 공손함, 검소함, 배려심으로 훌륭한 사람이 갖춘 다섯 가지 인품.
- 제자들은 공자를 온량공검양한 사람이라고 표현했습니다.

함께 생각해 봐요

① 〈단어를 활용해 봐요〉에서 익혔던 단어와 어울리는 상황을 연결해 봅시다.

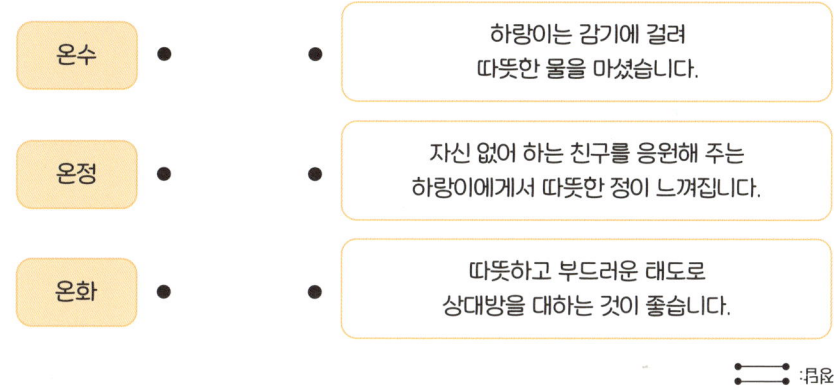

② 봄바람과 같이 상대의 마음을 녹여 주고, 땅과 같이 상대를 품어 준 적이 있나요? 〈단어를 활용해 봐요〉에서 익혔던 단어를 활용해서 적어 봅시다.

> 소풍에 간식을 가져오지 못해서 속상해하는 친구와 간식을 나누어 먹었습니다. 함께 나눠 먹으며 친구도 나도 온정을 느낄 수 있었어요.

따라 써 봐요

《논어》 한마디

子曰 學而時習之不亦說乎
자왈 학이시습지불역열호

"공자가 말했다.
'배우고 그것을 시시때때로 익히면 기쁘지 않겠는가?'"
― 《논어》, 〈학이學而〉 1

受 [받을 수]	受 受			
부수 又(또우) 총획수 8획	一 ㄷ ㅁ ㅁ ㅁ ㅍ 受 受			

仁 [어질 인]	仁 仁			
부수 亻(사람인변) 총획수 4획	ノ 亻 仁 仁			

謹 [삼갈 근]	謹	謹			
부수 言(말씀언) 총획수 18획	一 ニ 三 言 言 言 訁 訁 訅 訮 訮 訮 訮 訮 訮 謹 謹				

學 [배울 학]	學	學			
부수 子(아들자) 총획수 16획	丶 ﾉ ﾄ ﾄ ﾄﾄ ﾄﾄﾄ 臼 臼 铜 铜 鬥 學 學 學				

欲 [하고자할 욕]	欲	欲			
부수 欠(하품흠) 총획수 11획	ﾉ 八 父 父 谷 谷 谷 谷 谷 欲 欲				

明 [밝을 명]	明	明			
부수 日(날일) 총획수 8획	丨 冂 日 日 旳 明 明 明				

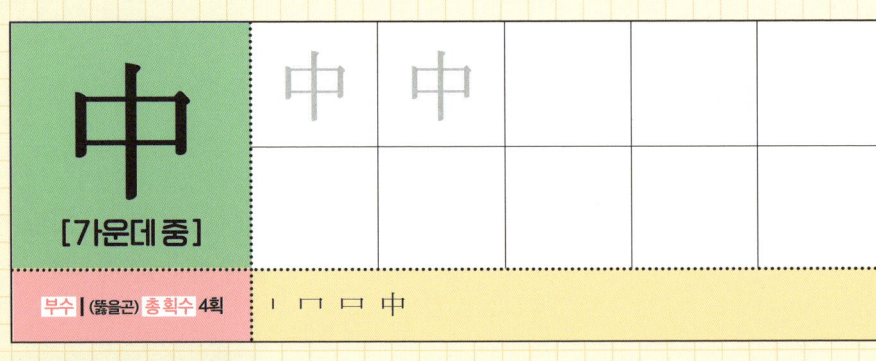

中 [가운데 중]
부수 | (뚫을곤) 총획수 4획
丨 冂 口 中

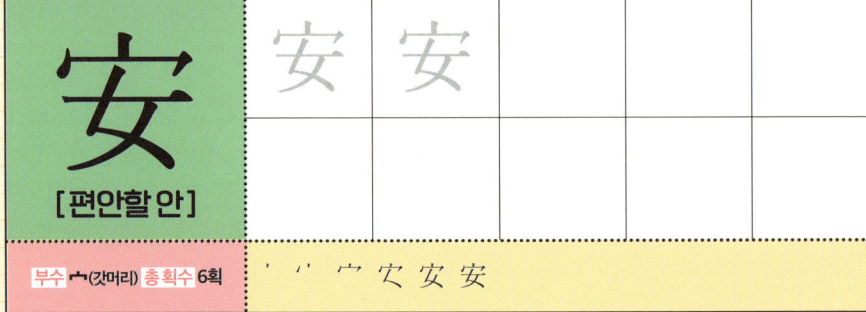

安 [편안할 안]
부수 宀 (갓머리) 총획수 6획
丶 丷 宀 宊 安 安

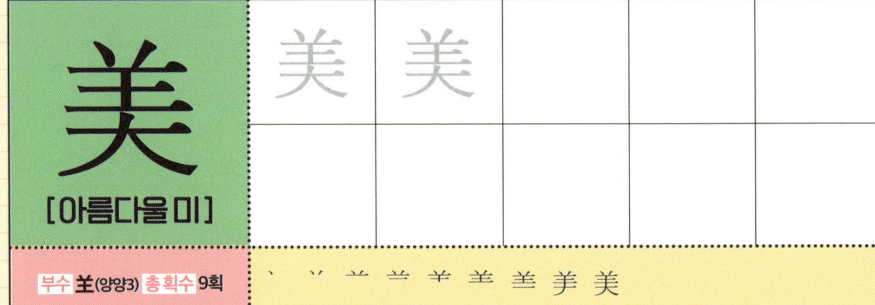

美 [아름다울 미]
부수 羊 (양양3) 총획수 9획
丶 丷 䒑 䒑 芈 美 美 美 美

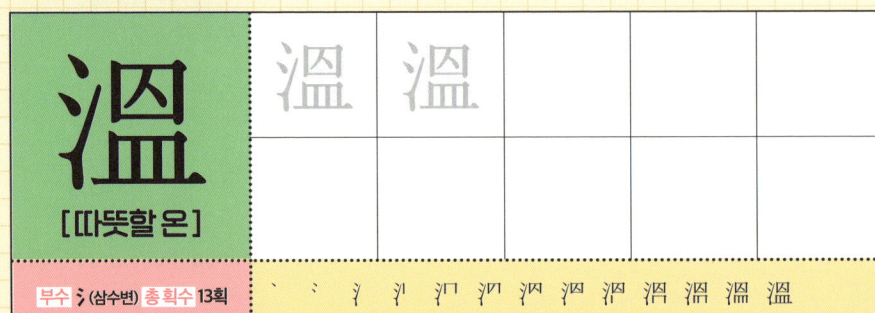

溫 [따뜻할 온]
부수 氵 (삼수변) 총획수 13획
丶 氵 氵 氿 泗 泗 泗 㵤 㵤 溫 溫 溫

자유롭게 한자를 연습해 보세요

아름다운 한자 가치 사전

초판 1쇄 펴낸날 2025년 9월 30일

지은이 김고은 | **편집** 김현정 김혜윤 이심지 이정신 이지원 홍주은
펴낸이 이건복 | **디자인** 김태호
펴낸곳 도서출판 동녘 | **마케팅** 임세현
 | **관리** 서숙희 이주원

만든 사람들
편집 이지원   **일러스트** 킹아이   **디자인** 이음

인쇄·제본 새한문화사   **라미네이팅** 북웨어   **종이** 한서지업사

등록 제311-1980-01호 1980년 3월 25일
주소 (10881) 경기도 파주시 회동길 77-26
전화 영업 031-955-3000 편집 031-955-3005 팩스 031-955-3009
홈페이지 www.dongnyok.com **전자우편** editor@dongnyok.com
페이스북·인스타그램 @dongnyokpub

ISBN 978-89-7297-179-5 (73700)

- 잘못 만들어진 책은 구입처에서 바꿔 드립니다.
- 책값은 뒤표지에 쓰여 있습니다.